PONS

FRANZÖSISCH FÜR ZWISCHENDURCH

von
Matthew C. Maxwell

PONS GmbH
Stuttgart

PONS

Französisch für Zwischendurch

Sprachtraining für Anfänger
Üben, wiederholen, fit bleiben

von
Matthew C. Maxwell

1. Auflage 2016

Redaktion: Fabienne Schreitmüller
Logoentwurf: Erwin Poell, Heidelberg
Logoüberarbeitung: Sabine Redlin, Ludwigsburg
Einbandgestaltung: Anne Helbich, Stuttgart
Layout: Petra Michel, Gestaltung & Typografie, Bamberg
Satz: Tebitron, Gerlingen
Druck und Bindung: AZ Druck und Datentechnik GmbH, Kempten

ISBN: 978-3-12-562825-0

Zu diesem Buch

Sie wollen Ihre Französischkenntnisse auffrischen, ein bisschen trainieren oder vorhandenes Wissen festigen?

Dann ist das *PONS Französisch für zwischendurch* genau das Richtige für Sie! Jede Übung in diesem Buch ist eine **optimale, überschaubare Lernportion** und **in 10 Minuten** machbar - ideal für zwischendurch oder wenn Ihre Zeit mal etwas knapper ist.

Wiederholen und üben Sie also in mehr als **70 abwechslungsreichen Übungen** die wichtigsten Themen der französischen Sprache.

Je nach Schwierigkeitsniveau wird jede Übung mit einem bzw. zwei Sternchen gekennzeichnet: Mit einem Sternchen wird auf ein einfacheres, mit zwei auf ein anspruchsvolleres Niveau hingewiesen.

Außerdem sind alle Übungen einem von vier Bereichen zugeordnet, die Sie an ihrem Symbol erkennen können:

- § Grammatik
- ABC Wortschatz
- Kommunikation
- Land und Leute

Die Übungen sind nach dem **„verdeckten Doppelseitenprinzip"** erstellt, d. h. die Übungen stehen immer auf einer rechten Seite. Wenn Sie einmal umblättern, finden Sie gleich auf der Rückseite die **Lösungen** und **zusätzliche Informationen** zum Thema, wie z. B. Wortschatz, Warnhinweise, Aussprachehilfen und Tipps.

Viel Erfolg beim Französischlernen wünscht Ihnen

Ihr PONS Redaktionsteam

Inhalt

10 Minuten Training

Inhalt

10 Minuten Training

1 Ça fait combien ?

Wie lautet das Ergebnis der Rechnung auf Französisch? Kreuzen Sie an.*

1. deux × cinq =

☐ **A** deux
☐ **B** dix
☐ **C** trois

2. trois + cinq =

☐ **A** sept
☐ **B** neuf
☐ **C** huit

3. six + sept =

☐ **A** douze
☐ **B** treize
☐ **C** onze

4. huit + six =

☐ **A** quatorze
☐ **B** quinze
☐ **C** quatre

5. trois × cinq =

☐ **A.** dix-sept
☐ **B.** dix-neuf
☐ **C.** quinze

6. onze + neuf =

☐ **A** vingt
☐ **B** zéro
☐ **C** deux

7. cinq - deux =

☐ **A** dix
☐ **B** trois
☐ **C** sept

8. neuf + trois =

☐ **A** huit
☐ **B** dix-huit
☐ **C** douze

1 Die Zahlen bis 20

0 zéro	6 six	11 onze	17 dix-sept
1 un	7 sept	12 douze	18 dix-huit
2 deux	8 huit	13 treize	19 dix-neuf
3 trois	9 neuf	14 quatorze	20 vingt
4 quatre	10 dix	15 quinze	
5 cinq		16 seize	

Die Zahlen **11 bis 16** werden, abgesehen von einigen Unregelmäßigkeiten, aus dem Stamm der Grundzahlen 1 bis 6 abgeleitet: Die Endung **-ze** entspricht *-zehn* im Deutschen.

!

Verwechseln Sie **six** und **dix** und **treize** und **seize** nicht!

Von **17 bis 19** wird ein anderes System verwendet: Das Wort **dix** *(zehn)* wird als erstes genannt.

!

Vergessen Sie den Bindestrich für die Zahlen 17, 18 und 19 nicht!

LÖSUNGEN:

1. B, **2.** C, **3.** B, **4.** A, **5.** C, **6.** A, **7.** B, **8.** C

2 Avoir ou être ?

Suchen Sie die Verbform von **avoir** und **être** in den Wortschlangen und ordnen Sie sie einem Pronomen zu.*

1.

suissousesestsirmiocgetsommesifdreêtesdixcosontv

je ________, tu ________, il/elle ________,

nous ________, vous ________, ils/elles ________

2.

aisfdochezasauevdkavonseocvavevevavezdeueonkeushont

j' ________, tu ________, il/elle ________,

nous ________, vous ________, ils/elles ________

2 Die Verben *avoir* und *être*

avoir *(haben)*

j'	**ai** *(ich habe)*	nous	**av**ons *(wir haben)*
tu	**a**s *(du hast)*	vous	**av**ez *(ihr habt/Sie haben)*
il/elle	**a** *(er/sie hat)*	ils/elles	ont *(sie haben)*

Das Verb **avoir** *(haben)* hat 2 Stämme: einen sehr kurzen Stamm bei stummen Endungen und einen etwas längeren Stamm bei betonten Endungen.

Das Verb **être** *(sein)* ist unregelmäßig.

je	**s**uis *(ich bin)*	nous	**s**ommes *(wir sind)*
tu	e**s** *(du bist)*	vous	**ê**tes *(ihr seid/Sie sind)*
il/elle	e**s**t *(er/sie ist)*	ils/elles	**s**ont *(sie sind)*

Ein **s** ist immer dabei, auch wenn es im **accent circonflexe** versteckt ist: ê = es (**être, êtes**).

LÖSUNGEN:

1. je **suis**, tu **es**, il/elle **est**, nous **sommes**, vous **êtes**, ils/elles **sont**; **2.** j'**ai**, tu **as**, il/elle **a**, nous **avons**, vous **avez**, ils/elles **ont**

3 On se présente

a Verbinden Sie die Fragen mit der richtigen Übersetzung.*

1.	Ça va ?	____	**A**	Wie alt bist du?
2.	Vous êtes Français ?	____	**B**	Sind Sie Franzose?
3.	Comment tu t'appelles ?	____	**C**	Bist du aus Paris?
4.	Tu es de Paris ?	____	**D**	Sind Sie verheiratet?
5.	Quel âge as-tu ?	____	**E**	Wie geht's?
6.	Vous êtes marié ?	____	**F**	Wie heißt du?

b Bringen Sie den kurzen Dialog in die richtige Reihenfolge.*

1. Enchantée.

2. Très bien, merci. Et toi ?

3. Ça va. Ah, voilà Lucie !

4. Salut, Christine, ça va ?

5. Bonjour, Lucie, moi, c'est Luc.

Richtige Reihenfolge: 4., ____________________

3 Persönliche Angaben

Die höfliche **vous-**Form wird wie die 2. Person Plural verwendet. Manchmal unterscheidet nur der Kontext, welche Form gemeint ist:

Est-ce que vous habitez à Paris ? *Wohnen Sie/Wohnt ihr in Paris?*

In der Umgangssprache hat die Frage die gleiche Form wie die Aussage. Nur durch die Anhebung der Stimme am Satzende wird der Unterschied deutlich:

Tu habites à Paris.	↘	*Du wohnst in Paris.*
Tu habites à Paris ?	↗	*Wohnst du in Paris?*

Wie im Deutschen, gibt es im Französischen auch die Inversionsfrage, dabei werden Verb und Subjekt vertauscht. Diese Frage ist eher formell, wird aber bei geläufigen Wendungen auch oft verwendet:

Vous êtes à l'hôtel ?	= Êtes-vous à l'hôtel ?	*Sind Sie im Hotel?*
Tu vas où ?	= Où vas-tu ?	*Wohin gehst du?*

Französische **Telefonnummern** sind zehnstellig und werden immer in 2er Blöcken angegeben, also z. B. 04.73.39.75.88. Die Vorwahl wird nie ausgelassen, auch wenn man seine Nachbarn anruft.

LÖSUNGEN:

a) **1.** E, **2.** B, **3.** F, **4.** C, **5.** A, **6.** D, **7**; b) 4., 2., 3., 5., 1.

4 En Europe

Schreiben Sie die Nationalität in der männlichen und weiblichen Form hinter jedes Land.*

1. l'Allemagne, ______________________,
______________________.

2. l'Italie, ______________________,
______________________.

3. la France, ______________________,
______________________.

4. l'Espagne, ______________________,
______________________.

5. la Grande-Bretagne, ______________________,
______________________.

6. la Suisse, ______________________,
______________________.

4 Ländernamen und Nationalitäten

Das Wort **français** hat drei Bedeutungen:

- Als Adjektiv wird es an das Substantiv angeglichen, z. B.:
  des rues françaises *französische Straßen*
- Als Substantiv steht es für die Sprache. Es ist männlich, z. B.:
  Le français, c'est facile ! *Französisch ist leicht!*
- Großgeschrieben bezeichnet es eine Person.
  Es wird wie das Adjektiv angeglichen, z. B.:
  les Français et les Portugais *die Franzosen und die Portugiesen.*

!

la Russie	Russland	→ un Russe, une Russe
l'Espagne	Spanien	→ un Espagnol, une Espagnol**e**
la Suède	Schweden	→ un Suéd**ois**, une Suéd**oise**
le Brésil	Brasilien	→ un Brésil**ien**, une Brésil**ienne**
la Grèce	Griechenland	→ un Gre**c**, une Gre**cque**
les États-Unis	die USA	→ un Améric**ain**, une Améric**aine**

LÖSUNGEN:

1. Allemand, Allemande, **2.** Italien, Italienne, **3.** Français, Française, **4.** Espagnol, Espagnole, **5.** Anglais, Anglaise, **6.** Suisse, Suisse

5 C'est ton cousin ?

Vervollständigen Sie die Sätze mit dem richtigen Possessivbegleiter, indem Sie die deutschen Begriffe in Klammern übersetzen.**

1. ______________ amie s'appelle Julie. (**meine**)
2. ______________ enfants jouent dans le jardin. (**unsere**)
3. Je suis en vacances chez ______________ tante. (**meine**)
4. ______________ beaux-parents sont sympa. (**deine**)
5. ______________ appartement est dans le centre-ville. (**ihre: mehrere Besitzer**)
6. Alice est ______________ sœur ou ______________ cousine ? (**seine, seine**)
7. Où est Julie ? Avec ______________ frère ? (**ihr**)
8. Oui. Ils sont chez ______________ parents. (**ihre**)
9. Vous habitez ici, madame ? J'aime beaucoup ______________ maison ! (**Ihr**)
10. Alice, Luc, ______________ amis sont super ! (**eure**)

5 Die Possessivbegleiter

Für den Possessivbegleiter werden sowohl der „Besitzer" (am Anfang) als auch sein „Besitztum" (am Ende) berücksichtigt, z. B.:

Ein Besitzer:		Mehrere Besitzer:	
ma mère	*meine Mutter*	**no**tre mère	*unsere Mutter*
mon père	*mein Vater*	**no**tre père	*unser Vater*
mes parents	*meine Eltern*	**nos** parents	*unsere Eltern*
ta mère	*deine Mutter*	**vo**tre mère	*eure/Ihre Mutter*
ton père	*dein Vater*	**vo**tre père	*euer/Ihr Vater*
tes parents	*deine Eltern*	**vos** parents	*eure/Ihre Eltern*
sa mère	*seine/ihre Mutter*	**leur** mère	*ihre Mutter*
son père	*sein/ihr Vater*	**leur** père	*ihr Vater*
ses parents	*seine/ihre Eltern*	**leurs** parents	*ihre Eltern*

!

Fängt das Substantiv mit einem Vokal oder einem stummen **h** an, wird **ma** zu **mon**: **mon amie** *(meine Freundin)*.

!

Verwechseln Sie nicht: **ses amis** *(ihre Freunde)* ≠ **leurs amis** *(ihre Freunde)* ≠ **vos amis** *(Ihre Freunde)*.

LÖSUNGEN:

1. Mon, **2.** Nos, **3.** ma, **4.** Tes, **5.** Leur, **6.** sa, sa, **7.** son, **8.** leurs, **9.** votre, **10.** vos

6 Le français dans le monde

Kreuzen Sie an, ob man in den folgenden Ländern auch Französisch spricht.**

		OUI	NON
1. Les États-Unis	*Vereinigte Staaten*	☐	☐
2. La Nouvelle Zélande	*Neuseeland*	☐	☐
3. Panama	*Panama*	☐	☐
4. L'Argentine	*Argentinien*	☐	☐
5. Le Canada	*Kanada*	☐	☐
6. Haïti	*Haiti*	☐	☐
7. L'Angola	*Angola*	☐	☐
8. Le Congo	*Kongo*	☐	☐
9. La Birmanie	*Birma*	☐	☐
10. Le Sénégal	*Senegal*	☐	☐
11. Le Liban	*Libanon*	☐	☐
12. La Nouvelle Calédonie	*Neukaledonien*	☐	☐

6 Über die französische Sprache

Unter **Frankophonie** versteht man alle Menschen auf der Welt, die Französisch sprechen bzw. alle Länder, meistens ehemalige französische Kolonien, in denen die französische Sprache einen bedeutenden Platz in der Kultur und Bildung hat. Es sind insbesondere Länder am Mittelmeer wie **le Maroc** *(Marokko)*, **l'Algérie** *(Algerien)*, **la Tunisie** *(Tunesien)*, oder **le Liban** *(Libanon)*.

La Francophonie ist auch eine im Jahre 1970 von einigen afrikanischen Staaten gegründete Institution, die heutzutage 56 Länder umfasst. Sie dient der dauerhaften Entwicklung und Verbreitung der französischen Sprache und Kultur in der Welt.

Innerhalb Frankreichs gibt es viele **regionale Sprachen**, auch **le patois** *(Dialekt)* genannt. Jedoch ist Französisch seit dem 16. Jahrhundert die einzige Amtssprache und seit dem Ende des 19. Jahrhunderts in allen Schulen Pflicht.
In den französischen **départements d'outre-mer** *(Übersee-Departements)* (DOM) - **la Martinique, la Guadeloupe, la Guyane française, la Réunion** - werden neben Französisch auch kreolische Sprachen, Dialekte mit französischem Wortstamm, gesprochen.

LÖSUNGEN:

oui: 1 (Louisiana), 5 (Quebec), 6, 8, 10, 11, 12; **non:** 2, 3, 4, 7, 9

7 Voilà ma famille

Familienverhältnisse sind kompliziert. Ergänzen Sie die Definition mit dem passenden Begriff.*

1. La mère de mon père est ma ______.
2. Le fils de ma sœur est mon ______.
3. Le mari de ma tante est mon ______.
4. La femme de mon beau-père est ma ______.
5. Ma belle-mère a un fils, c'est mon ______.
6. Moi, j'ai deux enfants, un fils et une ______.
7. La mère de mon cousin, c'est ma ______.
8. La femme de mon frère est ma ______.
9. Le fils de ma fille est mon ______.
10. La fille de ma tante est ma ______.

7 Die Familienmitglieder

Im Französischen sind die Familienmitglieder Ihres Ehemanns bzw. Ihrer Ehefrau wortwörtlich „schön":

mon beau-père	*mein Schwiegervater*
ma belle-mère	*meine Schwiegermutter*
mon beau-frère	*mein Schwager*
ma belle-sœur	*meine Schwägerin*
mon gendre	*mein Schwiegersohn*
ma belle-fille	*meine Schwiegertochter*

ABC

Wie die *Schwiegereltern*, **les beaux-parents**, werden der *Stiefvater* und die *Stiefmutter* auch **le beau-père** und **la belle-mère** genannt.

Die **Famile** hat in Frankreich einen hohen Stellenwert. Für ca. 85% der Franzosen ist sie sogar wichtiger als der berufliche Erfolg. Im Vergleich zu früher hat sich die Form der Familie jedoch verändert: Neben den traditionellen Familienstrukturen gibt es heutzutage immer mehr **mères célibataires** *(alleinerziehende Mütter)*, **familles recomposées** *(Patchworkfamilien)* oder Familien mit zwei Müttern oder zwei Vätern.

LÖSUNGEN:

1. grand-mère, **2.** neveu, **3.** oncle, **4.** belle-mère, **5.** mari, **6.** fille, **7.** tante, **8.** belle-sœur, **9.** petit-fils, **10.** cousine

8 La carte postale

Ergänzen Sie die Postkarte mit den folgenden Wörtern. Wenn Sie sie nicht alle kennen, können Sie im Glossar nachschlagen.**

appelle – hôtel – à bientôt – plage – excursions – visitons – chère – en vacances – enfants – vas

(1) ______________ Lucie,

J'espère que tu (2) ______________ bien. Moi, je suis

(3) ______________ en Bretagne, à Saint-Malo, avec Jean

et les (4) ______________. Nous sommes dans un

(5) ______________ super près de la mer. Nous faisons

beaucoup d' (6) ______________ : nous

(7) ______________ les villes et les musées de la région.

Et bien sûr, il y a la (8) ______________. Mais c'est

bientôt la fin des vacances.

Je t' (9) ______________ à mon retour.

Amitiés et (10) ______________ !

Pauline

8 Eine Postkarte, einen Brief schreiben

Im Französischen beginnt ein privates Schreiben mit:

Cher André, chère Karine,	*Lieber André, liebe Karine,*
Chers Pierre et Stéphane,	*Liebe Pierre und Stéphane,*
Chères Sandrine et Julie,	*Liebe Sandrine und Julie,*

Es endet mit informellen Wendungen wie:

À bientôt	*Bis bald*
Cordialement	*Herzlichst*
Amicalement/Amitiés	*Freundliche/Viele Grüße*
Je t'embrasse/	*Liebe Grüße/*
Bises/Bisous	*(Viele) Küsse/Küsschen*

In einem offiziellen Brief enthält die Anrede im Französischen keinen Namen, aber gegebenenfalls den Titel des Empfängers:

Madame,	*Sehr geehrte Frau Schmidt,*
Monsieur le Professeur,	*Sehr geehrter Herr Professor Schmidt,*

Die Schlussformel ist stets sehr formell:

Cordiales salutations	*Herzliche Grüße*
Veuillez agréer, monsieur/ madame, mes salutations distinguées.	*Mit freundlichen Grüßen.*

In Frankreich kauft man **Briefmarken** nicht nur bei der Post, sondern auch im **bureau de tabac** *(Tabakladen)*.

LÖSUNGEN:

1. Chère, **2.** vas, **3.** en vacances, **4.** enfants, **5.** hôtel, **6.** excursions, **7.** visitons, **8.** plage, **9.** appelle, **10.** à bientôt

9 C'est pour qui ?

Vervollständigen Sie die Sätze mit dem richtigen betonten oder unbetonten Pronomen. Die deutsche Angabe in Klammern hilft Ihnen.*

1. ________ êtes Français ? (Sie)
2. ________ vas à la plage avec ________ ? (du, uns)
3. C'est ________ Philippe ? - Oui, c'est ________. (du, ich)
4. ________ sommes frère et sœur. (wir)
5. ________, ________ est en vacances. (er, er)
6. ________, c'est Christine, et ________ ? (ich, du)
7. Marc est avec ________ ? (euch)
8. Voilà un CD pour Lucie. - Et ________ alors ? C'est toujours pour ________ ! (ich, sie)
9. ________ aime beaucoup mes parents et nous allons souvent chez ________. (ich, sie)
10. Oh, non, voilà tes sœurs ! On va à la mer sans ________. (sie)

9 Die betonten Personalpronomen

Die betonten Personalpronomen werden lauter gesprochen als die anderen. Vier davon zeigen es deutlich durch ihre Form:

je, me	→ **moi**	nous, nous	→ nous
tu, te	→ **toi**	vous, vous	→ vous
il, le	→ **lui**	ils, les	→ **eux** [ø]
elle, la	→ elle	elles, les	→ elles

Sie können in verkürzten Sätzen ohne Verb stehen:
Qui est là? - **Moi.** (= Je suis là.)
Wer ist da? - Ich. (= Ich bin es.)

Kombiniert mit dem Subjektpronomen oder dem Nomen drücken sie eine Hervorhebung aus:
Lui, il va au cinéma. Mais Lucie et Paul, **eux**, vont à la mer.
Er geht ins Kino. Aber Lucie und Paul gehen zum Strand.

Nach einer **Präposition** steht ein betontes Personalpronomen: **pour moi** *(für mich)*, **sans toi** *(ohne dich)*, **avec lui** *(mit ihm)*, etc. Die Fälle nach den Präpositionen sind im Französischen nicht vorhanden.

LÖSUNGEN:

1. Vous, **2.** Tu, nous, **3.** toi, moi, **4.** Nous, **5.** Lui, il, **6.** Moi, toi, **7.** vous, **8.** moi, elle, **9.** J', eux, **10.** elles

10 La République française

Kennen Sie Frankreich? Beantworten Sie die folgenden Fragen.
Sie können auch auf Deutsch antworten.**

1. Welche Farben hat die französische Flagge?

2. Welches Tier ist das Sinnbild Frankreichs?

3. Wie heißt die Symbolfigur der französischen Republik?

4. Wie heißt die Nationalhymne Frankreichs?

5. Wie lautet die Devise der französischen Republik?

6. Wann ist der französische Nationalfeiertag?

10 Die Symbole der französischen Republik

Die meisten Symbole der französischen Republik gehen auf die Revolution im Jahre 1789 zurück.

La Marseillaise ist seit dem 14. Juli 1795 die Nationalhymne Frankreichs. Als die Revolutionäre am 10. August 1792 den **Palais des Tuileries** stürmten, sangen sie dieses von Rouget de Lisle komponierte Kriegslied.

Le drapeau tricolore *(dreifarbige Flagge)* setzt sich zusammen aus den Farben blau und rot, den Farben der Stadt Paris, und weiß, der Farbe des Königstums. Die Streifen sind senkrecht.

Marianne ist eine erfundene Frau, die, wie die Revolutionäre im Jahre 1789, eine phrygische oder jakobinische Mütze trägt. Ihre Büste steht heutzutage in allen französischen Rathäusern als Symbol der Republik.

Die Devise der französischen Republik heißt: **Liberté** *(Freiheit)*, **Égalité** *(Gleichheit)*, **Fraternité** *(Brüderlichkeit)*.

Le coq *(Hahn)* ist ein älteres Symbol, das aus einem Wortspiel entstanden ist: Auf Latein heißt „gallus" sowohl *Hahn* als auch *Gallier*. Heute ist der Hahn, vor allem in der Sportwelt, das Emblem Frankreichs.

LÖSUNGEN:

1. bleu, blanc, rouge *(blau, weiß, rot)*, **2.** le coq *(der Hahn)*, **3.** Marianne, **4.** La Marseillaise, **5.** Liberté, Égalité, Fraternité *(Freiheit, Gleichheit, Brüderlichkeit)*, **6.** le 14 juillet *(am 14. Juli)*

11 Comment ça va ?

a

Ganz schön durcheinander! Kreisen Sie die Formen von **aller** ein.*

téléphonesvuallezontvoisvontsoi

vasssommesontontmaquilleavons

vatregardentallealonsallonstélé

travaillesveuxvaisvispensezvvo

b

Verbinden Sie die Pronomen mit den richtigen Formen von **avoir** oder **aller** und schreiben Sie den passenden Infinitiv dazu.*

1. j'	___	**A** va	___
2. vous	___	**B** avons	___
3. nous	___	**C** vont	___
4. il/elle	___	**D** ai	___
5. tu	___	**E** as	___
6. ils/elles	___	**F** allez	___

11 Das Verb *aller*

aller *(gehen, fahren etc.)*

je	**va**is	nous	**all**ons
tu	**va**s	vous	**all**ez
il/elle	**va**	ils/elles	**vont**

Das Verb **aller** hat zwei verschiedene Stämme im Präsens!
Die 3. Person Singular hat keine Endung und die 3. Person Plural ist betont!

Das Verb **aller** hat mehrere Bedeutungen:

- Im eigentlichen Sinne beschreibt es eine Fortbewegung: zu Fuß heißt es *gehen*, mit einem fahrenden Fahrzeug: *fahren* oder mit dem Flugzeug: *fliegen*.
- Im übertragenen Sinne wird **aller** oft mit dem Wörtchen **ça** kombiniert, z. B.:

Bonjour, ça **va** ? D'accord pour lundi ? - Ça **va**, à lundi !
Hallo, wie geht's? Einverstanden mit Montag? - OK, bis Montag!

LÖSUNGEN:

a) allez, vont, vas, va, allons, vais; b) **1.** D (avoir), **2.** F (aller), **3.** B (avoir), **4.** A (aller), **5.** E (avoir), **6.** C (aller)

12 Ça fait combien ?

Schreiben Sie die Zahlen als Ziffern in die Lücken.*

1. quatre-vingt-dix-sept ____________
2. soixante-dix-huit ____________
3. trente-cinq ____________
4. cinquante-sept ____________
5. cent soixante-huit ____________
6. mille deux cent dix-neuf ____________
7. vingt-trois ____________
8. deux cent soixante-seize ____________
9. mille neuf cent quatre-vingt-dix-neuf ____________
10. quatre-vingt-deux ____________

12 Die Zahlen ab 21

Die Zehner von 30 bis 60 richten sich nach den einfachen Zahlen:

3: **tr**ois — 30: **tr**ente
4: **quat**re — 40: **quar**ante
5: **cinq** — 50: **cinq**uante
6: **six** — 60: **soix**ante

Im Französischen fängt man wie im Englischen mit den Zehnern an:
21: vingt **et** un — 22: vingt-deux — 23: vingt-trois

Die Rechneneinheit der Kelten war früher 20. Ab 70 gilt heute noch dieses System bei den französischen Zahlen:
70: soixante-dix — 71: soixante **et** onze — 75: soixante-quinze

80: quatre-vingts (= 4 × 20), folgt dieser Logik, sowie:
90: quatre-vingt-dix (= 4 × 20 + 10)

!

Nur „runde" Zahlen schreiben sich mit **s**: quatre-vingt**s** (80), trois cent**s** (300). Aber **mille** (1000) ist unveränderlich: 5000 cinq **mille**.

LÖSUNGEN:

1. 97, **2.** 78, **3.** 35, **4.** 57, **5.** 168, **6.** 1219, **7.** 23, **8.** 276, **9.** 1999, **10.** 82

13 Les amis

a Verbinden Sie die Personalpronomen mit der richtigen Verbform. Es ist jeweils nur eine Antwort möglich! *

1. tu	___	**A**	invite
2. elles	___	**B**	regardez
3. nous	___	**C**	pense
4. j'	___	**D**	travailles
5. vous	___	**E**	téléphonent
6. il	___	**F**	habitons

b Ergänzen Sie die Verben mit der richtigen Endung im Präsens.*

1. Nous fêt_____ l'anniversaire de Pauline.

2. Vous invit_____ aussi les voisins à l'apéritif ?

3. Tu aim_____ la France ?

4. Les parents de Laure habit_____ en Allemagne.

5. On pass_____ demain, d'accord ?

13 Die Verben auf *-er*

Die Verben auf **-er** bilden die Gruppe der regelmäßigen Verben, außer **aller** *(gehen, fahren)*. Die Endungen sind im Präsens stumm (**-e**, **-es**, **-e**, **-ent**) oder betont (**-ons**, **-ez**), wie auch im Infinitv (**-er**).

Einige Verben auf **-er** haben eine Stammänderung bei stummen Endungen (bei den Personen **je/tu/il/elle/ils/elles**):

- der letzte Stammkonsonant wird verdoppelt:

jeter [ʒ(ə)te] (*werfen*)	je jette [ʒɛt]
appeler [aple] (*rufen*)	j'appelle [apɛl]

- das vorige stumme **-e-** wird zu **-è-** mit „accent grave":

ach**e**ter [aʃte] (*kaufen*)	j'ach**è**te [aʃɛt]
ép**e**ler [eple] (*buchstabieren*)	j'ép**è**le [epɛl]

- das vorige **-é-** mit „accent aigu" wird zu **-è-** mit „accent grave":

préf**é**rer [prefeRe] (*bevorzugen*)	je préf**è**re [prefɛR].

LÖSUNGEN:

a) **1.** D, **2.** E, **3.** F, **4.** A, **5.** B, **6.** C;
b) **1.** fêt**ons**, **2.** invit**ez**, **3.** aim**es**, **4.** habit**ent**, **5.** pass**e**

14 Des salades

Bringen Sie die Buchstaben in die richtige Reihenfolge, um Begriffe rund um diese drei Themen zu finden.**

Vornamen:

1. [rtcanisih] ______
2. [hbeséital] ______
3. [nçiforsa] ______
4. [eisnab] ______

Zeitangaben:

5. [aniseme] ______
6. [omsi] ______
7. [tepebresm] ______
8. [soanis] ______

Nationalitäten:

9. [ngEaolsp] ______
10. [arasFçin] ______
11. [usSsei] ______
12. [dusSioé] ______

14 Die Aussprache von s

Am Wortanfang wird **s-** immer „scharf" wie ß [s] gesprochen: **le sport** *(Sport)*.

Am Wortende ist **-s** in der Regel stumm, auch im Plural: **anglais** *(englisch)*.

Aber in manchen Wörtern wird **-s** am Wortende [s] gesprochen: **le bus** *(Bus)*, **le fils** *(Sohn)*.

Steht **-s-** zwischen zwei Vokalen, dann wird es stimmhaft [z] gesprochen: **le voisin** *(Nachbar)*.

Steht -s- zwischen einem Konsonanten und einem Vokal, dann wird es [s] gesprochen: **la poste** *(Post)*.

!

Die **Aussprache** kann zu Missverständnissen führen, wenn Sie im Restaurant z. B. **un poisson** *(Fisch)* und **un dessert** *(Nachtisch)* wünschen und stattdessen **un poison** *(Gift)* und **un désert** *(Wüste)* bestellen!

LÖSUNGEN:

1. Christian, **2.** Élisabeth, **3.** François, **4.** Sabine, **5.** semaine, **6.** mois, **7.** septembre, **8.** saison, **9.** Espagnol, **10.** Français, **11.** Suisse, **12.** Suédois

15 Et qui paie le loyer ?

Ergänzen Sie die Lücken mit der richtigen Form von **payer** und dem Gegenstand auf dem entsprechenden Bild.*

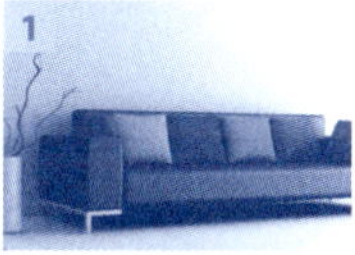

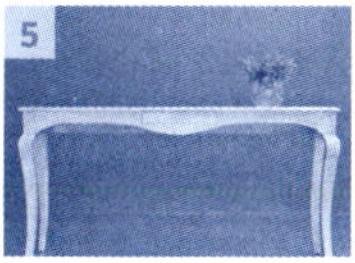

1. Paul ________ le ________.
2. Moi, je ________ la ________.
3. Mon frère et moi, nous ________ la ________.
4. Les cousins ________ le ________.
5. Nadine et Julie, vous ________ la ________.
6. Et toi, Nicolas, tu ________ le ________.

15 Die Verben auf *-yer*

payer *(zahlen)*

je	pai**e**
tu	pai**es**
il/elle	pai**e**
nous	pay**ons**
vous	pay**ez**
ils/elles	pai**ent**

Die Verben auf **-yer** haben 2 Stämme im Präsens: mit **-y**, wenn die Endung betont ist, mit **-i** wenn die Endung stumm ist.

Die vier Formen mit einer stummen Endung sind einsilbig und werden alle gleich gesprochen: **pai-** [pɛ].

Die Formen mit einer betonten Endung sind zweisilbig. Das **-y** wirkt wie ein doppeltes **i**, was die Aussprache [j] erlaubt.

LÖSUNGEN:

1. paie, canapé, **2.** paie, chaise, **3.** payons, télé(vision), **4.** paient, miroir, **5.** payez, table, **6.** paies, fauteuil

16 Mon appartement

Ergänzen Sie die Sätze mit den folgenden Wörtern.**

repose - voisins - baignoire - salle de bains - fauteuils -
jardin - repas - claire - chez - salle à manger - grand - vue

1. Mon appartement est ______________ : il a cinq pièces !
2. Je n'ai pas de ______________ mais j'ai un petit balcon avec une ______________ super.
3. Mon appartement est calme et je me ______________ après le travail.
4. Dans ma ______________, il y a une douche et une ______________.
5. J'ai un canapé et deux ______________ dans mon salon.
6. Je prépare les ______________ dans la cuisine.
7. Ma cuisine est ______________ et moderne mais ma table est dans la ______________.
8. J'invite mes ______________ pour regarder un match à la télévision ______________ moi.

16 Die Räume

Was ist ein *Eau de toilette?* Nicht das Wasser der Spülung! **La toilette** war ursprünglich ein *kleines Tuch*, meistens aus Leinen, auf dem die Sachen, um sich zu waschen und schön zu machen, lagen.

Daher befanden sich **l'eau** (f.) **de toilette** *(eine Art Kölnisch Wasser)* sowie **la toilette** *(meistens ein schönes Kleid)* in **le cabinet de toilette**, d.h. im heutigen *Bad*. Da es dort auch einen Nachttopf gab, heißt es heute **les toilettes** *(Toilette)*.

Les toilettes *(die Toilette)* sind im Französischen immer im Plural, auch wenn es nur eine Kabine gibt.

La salle de bains *(Badezimmer)* ist so benannt, als wäre es ein repräsentativer Raum wie **la salle à manger** *(Esszimmer)*. Aber Vorsicht, das Schlafzimmer heißt **la chambre**!

Wenn Sie das **Zimmer** eines Professoren oder Ihres Chefs suchen, fragen Sie bitte nicht nach **sa chambre** *(seinem Schlafzimmer)* sondern nach seinem **bureau** *(Büro)*!

LÖSUNGEN:

1. grand, **2.** jardin, vue, **3.** repose, **4.** salle de bains, baignoire, **5.** fauteuils, **6.** repas, **7.** claire, salle à manger, **8.** voisins, chez

17 Marie regarde qui ?

Ersetzen Sie den unterstrichenen Satzteil durch das richtige direkte Objektpronomen.*

1. Nous regardons Marie. - Nous ________ regardons.
2. Isabelle présente Gilles. - Isabelle ________ présente.
3. Vous regardez les photos de nos vacances.
   - Vous ________ regardez.
4. Nous aimons notre maison. - Nous ________ aimons.
5. Ils louent l'appartement. - Ils ________ louent.
6. Julie n'aime pas ton fauteuil. - Julie ne ________ aime pas.
7. Moi, j'aime bien les chaises dans le salon !
   - Moi, je ________ aime bien !
8. Marc et Luc, vous ne regardez pas la cuisine de Gilles ?
   - Marc et Luc, vous ne ________ regardez pas ?
9. Moi, je regarde les enfants. - Moi, je ________ regarde.
10. Vous n'aimez pas la terrasse ? - Vous ne ________ aimez pas ?
11. Alors, Gilles ne présente pas sa maison. - Alors, Gilles ne ________ présente pas.

17 Das direkte Objektpronomen (3. Person)

Die direkten Objektpronomen ersetzen ein Nomen oder eine Wortgruppe. In der 3. Person nehmen sie die Form des bestimmten Artikels an, der diesem Nomen oder dem „Kernwort" der Gruppe entsprechen würde.

mein Keller	ma cave	weiblich Sing.	**> la / l'**
Paul	Paul	männlich Sing.	**> le / l'**
der Vater meiner Nachbarin	le **père** de ma voisine	männlich Sing.	**> le / l'**
Hr. und Fr. Schmidt	M. et Mme Schmidt	Plural	**> les**
meine Fenster	mes fenêtres	Plural	**> les**

Je regarde **Paul**, tu regardes **Marie.** → Je **le** regarde, tu **la** regardes.

Ich schaue Paul an, du schaust Marie an. → *Ich schaue ihn an, du schaust sie an.*

Le und **la** werden zu **l'** gekürzt, wenn das folgende Verb mit einem Vokal oder einem stummen **h** beginnt, aber **les** wird nie gekürzt z. B.:

Je **la** regarde. Je **l'**aime. *Ich schaue sie an. Ich liebe sie.*

!

Wie immer wird das Verb an das Subjekt angeglichen und seine Endung hat nichts mit dem Objektpronomen zu tun! Vergleichen Sie:

Elle **les** aime.	Ils **les** aiment.	Ils **l'**aiment.
Sie liebt sie.	*Sie lieben sie.*	*Sie lieben ihn/es/sie.*

LÖSUNGEN:

1. la, **2.** le, **3.** les, **4.** l', **5.** le, **6.** l', **7.** les, **8.** la, **9.** les, **10.** l', **11.** la

18 Dans la maison ou l'appartement

Folgende Wörter sind durcheinander geraten. Bringen Sie die Buchstaben in die richtige Reihenfolge, um Begriffe rund um das Thema Wohnen zu finden.**

1. [najird] ____________
2. [nloabc] ____________
3. [irsalece] ____________
4. [se-dzars-éeheuc] ____________
5. [eavc] ____________
6. [topre] ____________
7. [epicè] ____________
8. [mebuilem] ____________
9. [ouciról] ____________
10. [litteoste] ____________
11. [geéat] ____________
12. [êrnefet] ____________

18 Wohnen

Un appartement in Frankreich entspricht einer normalen *Wohnung* in Deutschland, unabhängig von der Größe. Das deutsche *Apartment* heißt auf Französisch **un studio**. Beide befinden sich in **un immeuble** *(Mehrfamilienhaus)* oder in **une tour d'habitation** *(Hochhaus)*.

Wenn eine französische Familie in **une villa** wohnt, handelt es sich nicht um eine teure Villa, sondern lediglich um ein *Einfamilienhaus*. Wenn das Haus wesentlich größer ist, mit einer Parkanlage z. B., sagt man einfach **une grande villa** dazu.

Manche Franzosen besitzen ein **Haus** auf dem Land oder einen zweiten Wohnsitz, wo sie das Wochenende, ihren Urlaub verbringen oder hinziehen, wenn sie in Rente gehen. Oft handelt es sich dabei um ein altes Haus, das man im Laufe der Jahre renoviert. Je nach Region haben die Häuser einen sehr unterschiedlichen Charakter, bei dem oft der Naturstein der Region verwendet wird.

Diese regionalen Landhäuser sind bei Franzosen aber auch bei Ausländern sehr begehrt. In den Alpen gibt es **chalets** *(Berghütten aus Holz)*, während man im Baskenland viele **maisons à colombages** *(Fachwerkhäuser)* findet. Diese gibt es übrigens auch im Elsass oder in der Bretagne. In der Normandie sind neben Fachwerkhäusern auch die **chaumières** *(Bauernhöfe mit Reetdächern)* sehr verbreitet. Typisch für die Provence sind die **mas** *(einsame Bauernhöfe, die aus mehreren kleinen Gebäuden bestehen)*.

LÖSUNGEN:

1. jardin, **2.** balcon, **3.** escalier, **4.** rez-de-chaussée, **5.** cave, **6.** porte, **7.** pièce, **8.** immeuble, **9.** couloir, **10.** toilettes, **11.** étage, **12.** fenêtre

19 Les jours de la semaine

Setzen Sie die französischen Wochentage passend ein.
Die Buchstaben der markierten Felder ergeben eine Uhrzeit.*

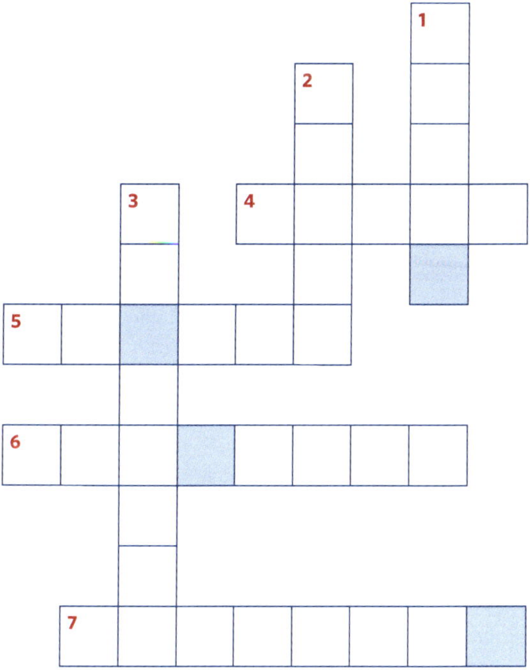

8. Il est ____________.

19 Die Wochentage

Die meisten Wochentage werden im Französischen nach Göttern der Antike und nach den Planeten, die um die Sonne kreisen, benannt.

la lune	lun**di**	*Montag*
Mars	mar**di**	*Dienstag*
Mercure	mercre**di**	*Mittwoch*
Jupiter	jeu**di**	*Donnerstag*
Vénus	vendre**di**	*Freitag*
Saturne	same**di**	*Samstag*

Samedi *(Samstag)* kommt eigentlich aus einer Mischung von **Saturne** und **Sabbat**.

Übrigens findet man die Endung **-di** *(Tag)* auch in **midi** *(Mittag)*.

Der Sonntag wird nicht mit „Sonne" gebildet, sondern durch eine Ableitung des lateinischen Ausdrucks für „Tag des Herrn".
Dies Dominicus → **di**manche *(Sonntag)*

LÖSUNGEN:

1. mardi, **2.** jeudi, **3.** dimanche, **4.** lundi, **5.** samedi, **6.** vendredi, **7.** mercredi, **8.** midi

20 Venir ou partir ?

Suchen Sie die Verbformen von **venir**, **partir** und **finir** in den Wortschlangen.*

1. vaviensfaitvenonsvendezviennentvuvais

2. faitespartezfaisonsparspartirpasseallons

3. finissonsfinisfaisfontfinitfêtezfinissent

20 Die Verben auf *-ir*

Nach dem Muster von **partir** *(weggehen, wegfahren)* folgen im Singular die stummen Endungen dem gekürzten Stamm:

je	par**s**	nous	part**ons**
tu	par**s**	vous	part**ez**
il/elle	par**t**	ils/elles	part**ent**

Wie **partir** wird auch **sortir** *(ausgehen)* konjugiert.

Die Besonderheit von **finir** *(beenden)* ist der Einschub von **-ss-** vor der Endung im Plural. Das **-i-** der Infinitivendung bleibt überall am Stamm:

je	fin**is**	nous	fin**iss**ons
tu	fin**is**	vous	fin**iss**ez
il/elle	fin**it**	ils/elles	fin**iss**ent

Wie **finir** wird auch **choisir** *([aus]wählen)* konjugiert.

Das Verb **venir** *(kommen)* ist unregelmäßig:

je	vien**s**	nous	ven**ons**
tu	vien**s**	vous	ven**ez**
il/elle	vien**t**	ils/elles	vienn**ent**

LÖSUNGEN:

1. viens, venons, viennent, **2.** partez, pars, partir, **3.** finissons, finis, finit, finissent

21 Quand ?

Diese Sätze sind durcheinander geraten. Bringen Sie die Satzteile in die richtige Reihenfolge.*

1. combien - le - sommes - aujourd'hui ? - Nous

2. suis - maison. - ne - la - à - Mardi - je - matin, - pas

3. tu - Qu' - lundi - ce - fais - est- - soir ? - que

4. avons - dimanche - février - le - Nous - rendez-vous - seize

21 Zeitangaben

ABC

Die französischen **Monate** sind: janvier, février, mars, avril, mai, juin, juillet, août, septembre, octobre, novembre, décembre.

Le steht vor einem Wochentag:

- entweder bei einem bestimmten Datum im Kalender, z. B.:
  Les vacances commencent **le** mercredi 31 juillet. — *Die Ferien beginnen am Mittwoch, den 31. Juli.*
- oder bei einer regelmäßigen Gewohnheit z. B.:
  Je fais du sport **le** jeudi. — *Donnerstags treibe ich Sport.*

Die Tageszeiten lauten im Deutschen:

hier	*gestern*	aujourd'hui	*heute*	demain	*morgen*
le matin	*morgens*	(le) midi	*mittags*	l'après-midi	*nachmittags*
le soir	*abends*	la nuit	*nachts*		

Verwechseln Sie nicht **demain** *(morgen)* und **matin** *(Morgen)*.
Morgen früh heißt **demain matin** aber *heute früh* **ce matin**!

LÖSUNGEN:

1. Nous sommes le combien aujourd'hui ? **2.** Mardi matin, je ne suis pas à la maison. **3.** Qu'est-ce que tu fais lundi soir ? **4.** Nous avons rendez-vous le dimanche seize février.

22 Qu'est-ce qu'ils font ?

a Setzen Sie die richtigen Reflexivpronomen ein.*

1. Pauline ________ maquille tous les jours.
2. Tu ________ lèves tard le week-end ?
3. Comment vous ________ appelez ?
4. Aujourd'hui, je ________ couche tôt, je suis fatigué.
5. Les enfants ________ amusent beaucoup.
6. Nous ________ promenons.

b Entscheiden Sie, welche der beiden Formen richtig ist. Kreisen Sie sie ein.*

1. Le matin, elles se lèvent/se lavent dans la douche.
2. On s'embrasse/s'appelle demain ?
3. Tu t'habilles/t'appelles comment pour la fête de Lucie ?
4. Je me promène/me dépêche : le film est dans 5 minutes !

22 Die Reflexivverben

Wie im Deutschen werden die Reflexivverben im Französischen auch mit einem **Reflexivpronomen**, das sich auf das Subjekt bezieht, konjugiert.

je me lève	*ich stehe auf*
tu te laves	*du wäschst dich*
il/elle se prépare	*er/sie macht sich fertig*
nous nous embrassons	*wir umarmen uns*
vous vous dépêchez	*ihr beeilt euch/Sie beeilen sich*
ils/elles se disputent	*sie streiten sich*

Vor einem Vokal oder einem stummen **h** sind **me, te, se** verkürzt:
je **m'**habille *ich ziehe mich an*

Die **Verneinung** umschließt das Reflexivpronomen und das konjugierte Verb, denn beide sind untrennbar, z. B.:

Vous **ne** vous maquillez **pas**, madame Schmidt ?
Schminken Sie sich nicht, Frau Schmidt?

!

Einige französische **Reflexivverben** sind im Deutschen nicht reflexiv: **se baigner** *(baden)*, **se promener** *(spazieren)*, **se lever** *(aufstehen)* oder **se doucher** *(duschen)*, aber nicht **se coucher** *(sich hinlegen)*. Umgekehrt bedeuten **changer** *(sich ändern)* und **avoir peur** *(sich fürchten)*.

LÖSUNGEN:

a) **1.** se, **2.** te, **3.** vous, **4.** me, **5.** s', **6.** nous; b) **1.** se lavent, **2.** s'appelle, **3.** t'habilles, **4.** me dépêche

23 La journée de madame Dupont

Bringen Sie die Sätze zum Tagesablauf in die richtige Reihenfolge.*

1. Nous nous couchons toujours tard.
2. Nos enfants font leurs devoirs et nous préparons le repas.
3. Le soir, nous rentrons tard.
4. Mon mari et moi, nous commençons à travailler tôt.
5. Je me lève tôt.
6. À midi, je mange à la cantine.

Richtige Reihenfolge: ____________________

23 Der Tagesablauf

Zum *Frühstück* (**petit-déjeuner**) nimmt der Franzose wenig zu sich: Eine Tasse Tee oder Kaffee, meistens mit viel Milch und 2-3 süß *belegte Brotscheiben* (**les tartines**) dazu. Seit einigen Jahren wird immer häufiger ein Glas Obstsaft dazu getrunken.

Das *Mittagessen* (**le déjeuner**) ist eine der wichtigsten Mahlzeiten des Tages. Es wird um 12 Uhr (**à midi**) eingenommen, sofern die Arbeitszeiten es erlauben.

Die *Kaffeepause* (**la pause-café**) ist vor- und nachmittags möglich, die Kinder bekommen gegen 16 Uhr **un goûter** *(süße Zwischenmahlzeit)*.

Das *Abendessen* (**le dîner**) ist die Hauptmahlzeit der Franzosen. Erst um 20 Uhr versammelt sich die Familie am Tisch und plaudert über den Tag, selbst wenn im Hintergrund der Fernseher läuft! Dieses Essen ist ziemlich umfangreich, dauert aber nicht mehrere Stunden, wie es während eines Festmahls üblich ist.

!

Essen Sie **mittags** reichlich, wenn Sie in Frankreich sind, denn Sie werden nur selten ein Abendbrot gegen 18 Uhr bekommen.

LÖSUNGEN:

5, 4, 6, 3, 2, 1

24 Ah, les vacances !

a Lesen Sie die folgenden Sätze im Präsens.

1. Je me lève très tôt.

2. Tu te laves et tu t'habilles très vite.

3. Nous allons au travail.

4. Vous mangez avec des collègues.

5. Le soir, ils rentrent tard et ils sont fatigués.

6. Elle regarde la télé et elle se couche assez tôt.

b Stellen Sie sich nun vor, dass Sie Urlaub haben.
Ergänzen Sie die Sätze mit dem Futur composé.*

1. Je ne ________ pas me ____________ très tôt.

2. Tu ________ te ____________ et tu ________

t'____________ dans le calme.

3. Nous n'________ pas ____________ au travail.

4. Vous ________ ____________ avec des amis.

5. Le soir, ils ____________ tôt et ils ne

________ pas ____________ fatigués.

6. Elle ____________ la télé et elle

________ se ____________ assez tard.

24 Das Futur composé

Das **Futur composé** ist eine zusammengesetzte Zukunftsform.
Sie besteht aus dem Präsens von **aller** und dem Infinitiv des Verbs:

je **vais** jou**er** *ich werde spielen*

!

Im Futur composé verliert das Verb **aller** seine ursprüngliche Bedeutung, um eine reine Hilfskonstruktion zu werden, ist aber kein Hilfsverb. Das zweite Verb, das eigentliche Verb, ist daher im Infinitiv.

Meistens wird das Futur composé für die nahe Zukunft oder in der gesprochenen Sprache verwendet:
Je **vais** regard**er** un film. *Ich werde mir einen Film anschauen.*
Oft wird dafür im Deutschen auch das Präsens verwendet.

Gibt es ein Objekt- oder Reflexivpronomen, steht es vor dem Infinitiv.
Je **vais** me présent**er**. *Ich werde mich vorstellen.*

!

Das Verb **aller** *(gehen, etc.)* kann auch im Futur composé stehen:
Nous **allons aller** au cinéma. *Wir werden ins Kino gehen.*

LÖSUNGEN:

b) **1.** vais, lever, **2.** vas, laver, vas, habiller, **3.** allons, aller, **4.** allez manger, **5.** vont rentrer, vont, être, **6.** va regarder, va coucher

25 Les fêtes en France

Verbinden Sie die Feiertage mit dem passenden Monat. Mehrere Feste könne im selben Monat stattfinden und einige Monate werden weggelassen.*

1. Noël	____	**A**	en janvier
2. Pâques	____	**B**	en février
3. la Fête Nationale	____	**C**	en mars ou avril
4. la Fête des Pères	____	**D**	en mai
5. la Journée du Travail	____	**E**	en juin
6. la Saint Valentin	____	**F**	en juillet
7. le Jour de l'An	____	**G**	en juin ou juillet
8. la Pentecôte	____	**H**	en août
9. la Fête des Rois	____	**I**	en septembre
10. la Toussaint	____	**J**	en octobre
11. la Fête de la Musique	____	**K**	en novembre
12. la Fête des Mères	____	**L**	en décembre

25 Feste feiern

In Frankreich folgen die meisten Feste dem internationalen Kalender: **Pâques** *(Ostern)*, **la Pentecôte** *(Pfingsten)*, **la Toussaint** *(Allerheiligen)*, **Noël** *(Weihnachten)*, **le Jour de l'An** *(Neujahr)*, **la Fête des Rois** *(Heilige Drei Könige)*, sowie **la Saint Valentin** *(Valentinstag)* und **la Journée du Travail** *(Maifeiertag)*.

La Fête Nationale *(Nationalfeiertag)* ist in Frankreich am 14. Juli und **la Fête des Mères** *(Muttertag)* in der Regel am letzten Maisonntag.

Außerdem werden auch **la Fête des Pères** *(Vatertag)* drei Wochen nach Muttertag und **la Fête de la Musique** *(Fest der Musik)* am 21. Juni gefeiert.

Der französische Nationalfeiertag am 14. Juli erinnert an den 14. Juli 1790 - das Föderationsfest. An diesem Tag legte der König Ludwig der XVI. vor Vertretern aller Provinzen und Stände einen feierlichen Eid auf die Nation ab.
Am Nationalfeiertag gibt es in den meisten Städten ein Volks- und Tanzfest mit Feuerwerk, Konzerten, etc. Neben einem gigantischen Feuerwerk vor dem Eiffelturm findet in Paris auch die beeindruckende Militärparade auf den Champs-Élysées statt.

LÖSUNGEN:

1. L, **2.** C, **3.** F, **4.** E, **5.** D, **6.** B, **7.** A, **8.** E, **9.** A, **10.** K, **11.** E, **12.** D

26 Des fruits ou des légumes ?

Welcher Begriff passt nicht zur angegebenen Kategorie? Kreuzen Sie den Eindringling an.*

1. les légumes

☐ **A** le poivron

☐ **B** le poivre

☐ **C** le concombre

2. les fruits

☐ **A** la pomme de terre

☐ **B** la pomme

☐ **C** la pêche

3. les desserts

☐ **A** la glace

☐ **B** le gâteau

☐ **C** le poisson

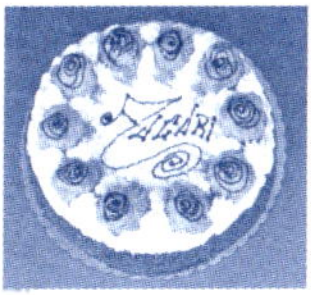

4. les boissons

☐ **A** le fromage

☐ **B** le jus de fruits

☐ **C** l'eau

26 Obst und Gemüse

Geläufige Obst und Gemüse sind:

la pomme	*Apfel*	la pomme de terre	*Kartoffel*
la poire	*Birne*	la tomate	*Tomate*
l'orange (f.)	*Apfelsine*	le champignon	*Pilz*
la fraise	*Erdbeer*	le chou	*Kohl*
la banane	*Banane*	la carotte	*Möhre*
la pêche	*Pfirsisch*	le concombre	*Gurke*
l'abricot (m.)	*Aprikose*	la salade	*Salat*

!

Obst und Gemüse stehen im Französischen im Plural:
les fruits *(das Obst)*, **les légumes** *(das Gemüse)*.

!

Achten Sie auf falsche Freunde!
Im Französischen ist **le paprika** nur ein Gewürz, wie **le sel et le poivre** *(Salz und Pfeffer)*. Das Gemüse heißt **le poivron**.

La chicorée ist ein heißes Getränk wie **le café** *(Kaffee)* oder **le thé** *(Tee)*.
Die deutsche *Chicorée* ist **une endive** im Französischen.

LÖSUNGEN:

1. B, **2.** A, **3.** C, **4.** A

27 Qu'est-ce que nous prenons ?

a Ergänzen Sie die Sätze mit dem passenden Teilungsartikel: **du, de la, de** oder **l'**.*

1. Elle prend ________ pain et ________ salade.
2. Je voudrais ________ eau, s'il te plaît.
3. Vous prenez ________ vin ?
4. Mettez ________ beurre dans les pâtes !
5. Est-ce que tu prends ________ fromage ?
6. J'ai préparé ________ omelette pour le dîner.

b Ergänzen Sie die Sätze mit der Mengenangabe in Klammern.*

1. J'achète ______________________ tomates. (**1 Kilo**)
2. Vous avez ______________________ vin rosé ? (**1 Flasche**)
3. Ils prennent ______________________ lait (**1 Liter**) et ______________________ sucre pour le gâteau. (**1 Pfund**)

27 Der Teilungsartikel, das Verb *prendre*

Im Französischen gibt es auch den **Teilungsartikel**. Er hat im Deutschen keine Entsprechung und wird nur für eine **unbestimmte** Menge von unzählbaren Dingen verwendet.

Der Teilungsartikel besteht aus der Präposition **de** und dem bestimmten Artikel:

Je	**prends**	(de + le =) **du** beurre.	*Ich nehme Butter.*
Tu	**prends**	(de + la =) **de la** confiture.	*Du nimmst Marmelade.*
Il	**prend**	(de + l' =) **de l'**omelette.	*Er nimmt Omelett.*

!

Bei zählbaren Dingen verwendet man den unbestimmten Artikel.
Nous prenons **des** bananes. *Wir nehmen Bananen.*

Mit dem Teilungsartikel wird die Verneinung mit **ne... pas de/d'** gebildet:

Vous **ne** prenez **pas de** pain ? *Nehmt ihr kein Brot?*
Ils/Elles **ne** prennent **pas d'**eau ? *Nehmen sie kein Wasser?*

Die Formen von **prendre** *(nehmen)* entnehmen Sie den Beispielen.

LÖSUNGEN:

a) **1.** du, de la, **2.** de l', **3.** du, **4.** du, **5.** du, **6.** de l'; b) **1.** un kilo de, **2.** une bouteille de, **3.** un litre de, une livre de

28 Au restaurant

Kreuzen Sie die richtige Antwort an. Mehrere können richtig sein.

Was sagen Sie, wenn, ... *

1. ... Sie gerne die Karte hätten?

- ☐ **A** Apportez-nous la carte, s'il vous plaît.
- ☐ **B** Je prends le menu du jour.
- ☐ **C** Vous avez une carte ?

2. ... Sie das Menu zu 20 Euro möchten?

- ☐ **A** Je prends le menu à 20 euros.
- ☐ **B** Le menu coûte 20 euros.
- ☐ **C** Ah, je prends une entrée.

3. ... Sie ein Glas Rotwein bestellen möchten?

- ☐ **A** Pour moi, un verre de vin rouge, s'il vous plaît.
- ☐ **B** Je voudrais une bouteille de vin blanc, s'il vous plaît.
- ☐ **C** Je prends un verre de vin rouge, s'il vous plaît.

4. ... Sie bezahlen wollen?

- ☐ **A** L'addition, s'il vous plaît.
- ☐ **B** Pouvez-vous apporter l'addition, s'il vous plaît ?
- ☐ **C** Je paie avec un chèque.

28 Im Restaurant

Hier sind wichtige Sätze, die Sie vor dem Essen hören können:

Voici **la carte**, Messieurs dames.	*Hier ist die Speisekarte.*
Vous avez déjà choisi ?	*Haben Sie bereits gewählt?*
Vous désirez **un apéritif** ?	*Möchten Sie einen Aperitif?*
Et comme **boisson** ?	*Und als Getränk?*
Une bouteille de vin rouge/ blanc/rosé ?	*Eine Flasche Rot-/ Weiß-/Roséwein?*

Nach dem Essen kann der Kellner noch fragen:

C'est bon ?/Ça a été ?	*Schmeckt es?/ Hat es geschmeckt?*
Qu'est-ce que vous prenez comme **dessert** ? Nous avons...	*Was nehmen Sie als Nachspeise? Wir haben ...*
Vous prenez **un café** ?	*Wollen Sie einen Kaffee?*

Beim **Bezahlen** muss man die gesamte Rechnung auf einmal bezahlen, es ist nicht üblich, dass man sie teilt. Man sollte auch nicht den Betrag aufrunden, der Kellner würde es nicht verstehen! **Le pourboire** *(Trinkgeld)* hinterlässt man auf dem Tisch oder auf dem zu diesem Zweck auf den Tisch gelegten kleinen Teller.

LÖSUNGEN:

1. A, C, **2.** A, **3.** A, C, **4.** A, B

29 Des questions

a Stellen Sie die entsprechende Frage mit **est-ce que**.*

1. ____________ tu ____________ ?

- Oui, j'ai des tomates.

2. ________________________ ?

- Oui, elle habite à Paris.

3. ____________ vous ____________ ?

- Non, je n'ai pas de légumes.

4. ________________________ ?

- Nous partons demain.

b Ändern Sie die Fragen aus der vorigen Übung in Inversionsfragen um.**

1. ________________________ ?

2. ________________________ ?

3. ________________________ ?

4. ________________________ ?

29 Die Fragesätze

Anders als im Deutschen, gibt es im Französischen die umgangssprachliche **Intonationsfrage**, die sich nur durch den Tonfall von der Aussage unterscheidet:

Tu es l'ami de Luc ? Il est **où** ? *Bist du Lucs Freund? Wo ist er?*

Auch die Frage mit **est-ce que** (oder **est-ce qu'** vor Vokal oder stummem **h**) gibt es im Deutschen nicht. **Est-ce que** wird nicht übersetzt und steht vor dem Aussagesatz:

Est-ce que tu viens avec moi ? *Kommst du mit mir?*
Où est-ce qu'elle travaille ? *Wo arbeitet sie?*

Die **Inversionsfrage** wird fast nur schriftlich verwendet und ist **nur mit Pronomen** möglich:

As-tu un sac ? *Hast du eine Tasche?*
A-t-il préparé le repas ? *Hat er das Essen vorbereitet?*

§

Vergessen Sie nicht den Bindestrich bei Verben, die in der 3. Person Singular nicht auf **-t** oder **-d** enden!

LÖSUNGEN:

a) **1.** Est-ce que tu as des tomates ? **2.** Est-ce qu'elle habite à Paris ? **3.** Est-ce que vous avez des légumes ? **4.** Quand est-ce que vous partez ?; b) **1.** As-tu des tomates ? **2.** Habite-t-elle à Paris ? **3.** Avez-vous des légumes ? **4.** Quand partez-vous ?

30 Au marché

Lesen Sie die Fragen des Gemüse-/Obsthändlers und kreuzen Sie die passende Antwort an. Es können auch mehrere richtig sein.*

1. Vous désirez, madame ?

- ☐ **A** Pour moi, cinq grosses oranges.
- ☐ **B** Je voudrais un kilo de pommes.
- ☐ **C** De l'eau minérale, s'il vous plaît.

2. Quatre euros les trois kiwis, vous les prenez ?

- ☐ **A** Mais c'est trop cher !
- ☐ **B** Ce n'est vraiment pas cher !
- ☐ **C** Ah non, vous exagérez !

3. J'ai aussi des poires super, c'est deux euros le kilo.

- ☐ **A** Oh oui, donnez-moi un kilo de poires !
- ☐ **B** Oh, ce n'est pas cher, un kilo, s'il vous plaît !
- ☐ **C** Des poires ? Elles font combien ?

4. C'est tout ?

- ☐ **A** Tout est dans le sac.
- ☐ **B** Oui, ça fait combien ?
- ☐ **C** Je prends aussi des pêches.

5. Vous avez de la monnaie ?

- ☐ **A** Oh oui, elle est très bonne.
- ☐ **B** Ah non, j'ai seulement un billet de 100 euros.
- ☐ **C** Non, je voudrais un kilo de carottes.

30 Auf dem Markt

Wollen Sie auf dem Markt einkaufen? Dann sagen Sie:

Je voudrais des pommes, s'il vous plaît.	*Ich hätte gerne Äpfel bitte.*
C'est combien, le kilo ?	*Was kostet ein Kilo?*
C'est tout. Ça fait combien ?	*Das ist alles. Was macht es?*

Der **Händler** *(le marchand)* kann Ihnen sagen:

Vous désirez, monsieur ?	*Was hätten Sie gerne, monsieur?*
J'ai des bonnes bananes.	*Ich habe gute Bananen.*
Alors, deux kilos pour madame ?	*Also, zwei Kilo für die gnädige Frau?*
Et avec ça ?	*Kommt noch etwas dazu?*

Der **marché aux puces** *(Flohmarkt)* findet wöchentlich oder monatlich in beinahe jeder Stadt statt. Der traditionelle und bekannteste ist der **marché aux puces de Saint-Ouen** im Norden von Paris, der seit 2002 zum nationalen Kulturerbe gehört und unter Denkmalschutz steht. Franzosen haben sogar ein spezielles Verb für das Suchen nach Trödel und Antiquitäten: **chiner!** Auf dem Land gibt es auch die sogenannten **videgreniers** (wörtlich: *Dachboden leeren*): Traditionell suchte jeder Interessierte auf dem Dachboden nach alten Sachen, um sie anschließend auf der Straße gegen geringe Preise zu verkaufen.

LÖSUNGEN:

1. A, B, **2.** A, C, **3.** A, B, **4.** B, C, **5.** B

31 Qu'est-ce qu'ils ont fait hier ?

Vervollständigen Sie die Sätze mit den folgenden Verben im Passé composé.**

prendre - regarder - acheter - finir - boire - appeler - manger - travailler

1. Tu ______________________ Marc au téléphone ?
2. Hier, ils ______________________ le foot à la télé.
3. Ma fille ______________________ ses devoirs. Ouf !
4. Non, je n'__________ pas ______________________ ta bière !
5. Hier soir, nous ______________________ l'apéritif.
6. Je suis fatiguée, j'________ beaucoup ______________________.
7. Vous ______________________ une pizza ?
8. Non, on ______________________ au restaurant.

31 Das Passé composé mit *avoir*

Wie im Deutschen gibt es im Französischen auch eine zusammengesetzte Vergangenheitsform mit dem Partizip Perfekt und dem Hilfsverb **être** *(sein)* oder **avoir** *(haben)* im Präsens. Mit dem Hilfsverb **avoir** bleibt das Partizip unverändert.

Verben auf **-er** haben regelmäßige Partizipformen auf **-é**, z. B.:
téléphoner *(telefonieren)* → j'ai téléphon**é** *(ich habe angerufen)*.

Das Partizip auf **-é** und der Infinitiv auf **-er** enden mit einem betonten [e]. Verwechseln Sie die Schreibweisen nicht!

Verben auf **-ir** haben auch regelmäßige Partizipformen auf **-i**, z. B.:
choisir *(wählen)* → tu as chois**i** *(du hast gewählt)*.

Das Partizip der anderen Verben ist unregelmäßig:
prendre *(nehmen)* → il/elle a **pris** *(er/sie hat genommen)*
boire *(trinken)* → nous avons **bu** *(wir haben getrunken)*
avoir *(haben)* → vous avez **eu** *(ihr habt/Sie haben gehabt)*

Das Verb **être** wird im Französischen mit **avoir** konjugiert:
Il **a été** malade. *Er ist krank gewesen.*

LÖSUNGEN:

1. as appelé, **2.** ont regardé, **3.** a fini, **4.** ai... bu, **5.** avons pris, **6.** ai... travaillé, **7.** avez acheté, **8.** a mangé

32 Encore des verbes !

Schreiben Sie das angegebene Verb in der richtigen Form im Präsens.**

1. Tu ______ ta robe jaune, ce soir ? (**mettre**)
2. Pierre et Simon ______ aller au cinéma. (**vouloir**)
3. J'______ le manteau vert. (**essayer**)
4. Tu ______ bien m'aider ? (**vouloir**)
5. Vous ______ la table, s'il vous plaît ? (**mettre**)
6. Vous ______ les chaussures ? (**acheter**)
7. Nous ne ______ pas aller à l'école demain. (**vouloir**)
8. Elle ______ son sac sur la table. (**mettre**)
9. Tu ______ le manteau noir ? (**préférer**)
10. Nous ______ au restaurant. (**manger**)

32 Die Verben *mettre* und *vouloir*

Das Verb **mettre** ist vielseitig: *setzen, stellen, legen; anziehen; tun.*
Hier ist die Konjugation:

je	me**t**s	nous	me**tt**ons
tu	me**t**s	vous	me**tt**ez
il/elle	me**t**	ils/elles	me**tt**ent

Passé composé: j'ai **mis**

Der Stamm des Verbs **vouloir** *(wollen; mögen)* ist in der 3. Person Plural eine Mischung aus dem Singular- und dem Pluralstamm:

je	**veu**x	nous	v**oul**ons
tu	**veu**x	vous	v**oul**ez
il/elle	**veut**	ils/elles	**veul**ent

Passé composé: j'ai v**oul**u *(ich habe gewollt)*

!

Die Singularendungen von **vouloir** sind **-x, -x, -t** statt **-s, -s, -t,** weil man nach einem **-u** in der Regel kein **-s** sondern ein **-x** schreibt.

LÖSUNGEN:

1. mets, **2.** veulent, **3.** essaie, **4.** veux, **5.** mettez, **6.** achetez, **7.** voulons, **8.** met, **9.** préfères, **10.** mangeons

33 Les couleurs

Wie lauten diese Farben auf Französisch? Bringen Sie die Buchstaben in die richtige Reihenfolge.*

1. ancbl

____

2. uebl

____

3. evrt

____

4. rroman

____

5. geruo

____

6. ionr

____

7. anuje

____

8. sirg

____

33 Farben und Muster

ABC

bleu, -e	*blau*	rouge	*rot*
jaune	*gelb*	violet, -te	*violett*
orange	*orange*	vert, -e	*grün*
noir, -e	*schwarz*	blanc, blanche	*weiß*

Als Adjektive werden die Farben in der Regel angeglichen, z. B.:
Les jupes sont **blanches** ou **rouges.** *Die Röcke sind weiß oder rot.*

!

Marron *(braun)* und **orange** *(orange)* sind unveränderlich, ebenso kombinierte Farbezeichnungen:
Elle est **vert clair.** *Sie ist hellgrün.*

Wollen Sie lieber Muster haben?

à rayures	*gestreift, mit Streifen*
à carreaux	*kariert*
à pois	*gepunktet, mit Punkten*

LÖSUNGEN:

1. blanc, **2.** bleu, **3.** vert, **4.** marron, **5.** rouge, **6.** noir, **7.** jaune, **8.** gris

34 Le bon adjectif

Wählen Sie das richtige Adjektiv aus. Achten Sie dabei auf Form und Stellung.*

1. Je préfère la robe...

- ☐ **A** noire.
- ☐ **B** blanc.
- ☐ **C** vieil.

2. Avez-vous des pommes...

- ☐ **A** vert ?
- ☐ **B** rouge ?
- ☐ **C** vertes ?

3. Michèle s'est acheté une... voiture.

- ☐ **A** noires
- ☐ **B** nouvelle
- ☐ **C** vieil

4. La jupe ne me va pas, elle est trop...

- ☐ **A** longue.
- ☐ **B** court.
- ☐ **C** bel.

5. J'aime bien ton... manteau.

- ☐ **A** nouveau
- ☐ **B** noir
- ☐ **C** vieille

6. Marie est très...

- ☐ **A** beau.
- ☐ **B** belle.
- ☐ **C** bel.

34 Die Adjektive

Die regelmäßigen Endungen des Adjektivs sind ein stummes **-e** im Femininum und ein stummes **-s** im Plural, z. B.: vert, vert**e**, vert**s**, vert**es** *(grün)*.

Endet das Adjektiv im Maskulinum auf einem Vokal, oder bereits auf **-e**, wird das Femininum gleich gesprochen bzw. gleich geschrieben, z. B.: bleu, bleu**e** *(blau)*, roug**e**, roug**e** *(rot)*.

Oft wird der Endkonsonant im Femininum verdoppelt:
bo**n**, bo**nn**e *(gut)*, viole**t**, viole**tt**e *(violett)*, gro**s**, gro**ss**e *(dick)*.

In manchen Fällen verändert sich der Endkonsonant im Femininum:
blan**c**, blan**che** *(weiß)*, neu**f**, neu**ve** *(neu)*, nerveu**x**, nerveu**se** *(nervös)*.

!

Adjektive, die auf **-l** und **-u** enden, haben unregelmäßige Singular-formen:
beau/belle *(schön)*, **nouveau/nouvelle** *(neu)*, **vieux/vieille** *(alt)*.
Vor einem Vokal oder einem stummen **h** wird die männliche Singularform zu **bel** bzw. **nouvel** und **vieil**:
un **bel hôtel** — *ein schönes Hotel.*
Einem **-u** folgt kein **-s** im Plural, sondern ein **-x**: **beaux, nouveaux**.

LÖSUNGEN:

1. A, **2.** C, **3.** B, **4.** A, **5.** A, **6.** B

35 Qu'est-ce que tu mets aujourd'hui ?

Setzen Sie den bestimmten Artikel vor das Substantiv und verbinden Sie die französischen Kleidungsstücke mit der deutschen Übersetzung.*

1. ______ pantalon		______	**A** Hut
2. ______ foulard		______	**B** Socken
3. ______ anorak		______	**C** Kostüm
4. ______ écharpe		______	**D** Schirmmütze
5. ______ chapeau		______	**E** Hose
6. ______ chaussettes		______	**F** Gürtel
7. ______ tailleur		______	**G** Regenmantel
8. ______ imperméable		______	**H** Kopftuch
9. ______ casquette		______	**I** Schal
10. ______ ceinture		______	**J** Winterjacke

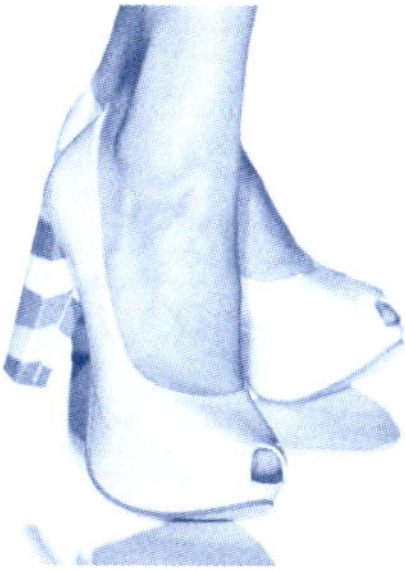

35 Kleidung und Accessoires

Für den *Mann* (**l'homme**)

une chemise	*Hemd*
un pantalon	*Hose*
une cravate	*Krawatte*

Für die *Frau* (**la femme** [fam]):

un chemisier	*Bluse*
une jupe	*Rock*
une robe	*Kleid*

!

Ein Mann trägt **un costume** *(Anzug)* und eine Frau **un tailleur** *(Kostüm)*. **Une veste** ist eine *(Strick)Jacke*, aber **une blouse** ist keine *Bluse* (**un chemisier**) sondern ein *Kittel*!

Manche Dinge werden natürlich von beiden getragen. Dazu zählen:

des gants	*Handschuhe*	un anorak	*Winterjacke*
un pull/pull-over	*Pullover*	un manteau	*Mantel*
un bonnet	*Mütze*	une écharpe	*Schal*
un chapeau	*Hut*	une ceinture	*Gürtel*
des chaussettes	*Socken*	des chaussures	*Schuhe*

LÖSUNGEN:

1. le, E, **2.** le, H, **3.** l', J, **4.** l', I, **5.** le, A, **6.** les, B, **7.** le, C, **8.** l', G, **9.** la, D, **10.** la, F

36 Choisir ses vêtements

a Verbinden Sie die Frage mit der passenden Antwort.**

1. Le pull vous plaît ? ___ **A** Il ne te va pas du tout.

2. Je peux vous aider ? ___ **B** Oui, il est très joli, mais il est un peu large.

3. Je peux l'essayer ? ___ **C** Le jaune, il te va très bien.

4. Tu préfères le jaune ou le bleu ? ___ **D** Bien sûr ! Les cabines d'essayage sont là-bas.

5. Vous faites quelle taille ? ___ **E** Je fais du quarante.

6. Comment tu trouves ce pantalon ? ___ **F** Oui, je cherche ces chaussures en 39.

b Welche Antwort passt? Kreuzen Sie an.*

1. Cette robe te plaît ?

- ☐ **A** Oui, elle me plaît beaucoup.
- ☐ **B** Le manteau est blanc.
- ☐ **C** Je cherche des chaussures.

2. Qu'est-ce que tu prends ?

- ☐ **A** Je prends les botttes rouges.
- ☐ **B** Je préfère un vin blanc.
- ☐ **C** Cette chemise est neuve.

36 Im Kaufhaus

Hier sind hilfreiche Formulierungen, wenn Sie im Kaufhaus sind:

Qu'est-ce que je peux faire pour vous ?	*Was kann ich für Sie tun?*
Je cherche **une robe noire**.	*Ich suche ein schwarzes Kleid.*
Vous faites quelle taille ?	*Welche Größe haben Sie?*
Je fais du 44.	*Ich habe Größe 42.*
Ce modèle me plaît. Je l'essaie. Où est **la cabine d'essayage?**	*Dieses Modell gefällt mir. Ich probiere es an. Wo ist die Anprobe?*
Cette robe **vous va bien**.	*Dieses Kleid steht Ihnen.*

Französische Kleidungsgrößen fallen kleiner als die deutschen aus! Sie brauchen in Frankreich eine Nummer größer.

Wollen Sie Schuhe kaufen, dann werden Sie hören:
Vous faites quelle pointure ? *Welche Schuhgröße haben Sie?*

LÖSUNGEN:

a) **1.** B, **2.** F, **3.** D, **4.** C, **5.** E, **6.** A; b) **1.** A, **2.** A

37 Où est-ce que tu as acheté ça ?

Verbinden Sie die Waren mit dem richtigen Geschäft.*

1. la viande	___	**A**	la pâtisserie
2. le chemisier	___	**B**	la boucherie
3. le papier	___	**C**	la crémerie
4. les cigarettes	___	**D**	la charcuterie
5. le pain	___	**E**	la papeterie
6. le salami	___	**F**	le magasin de vêtements
7. le gâteau	___	**G**	la boulangerie
8. la pêche	___	**H**	la librairie
9. le fromage	___	**I**	le bureau de tabac
10. le livre	___	**J**	l'alimentation

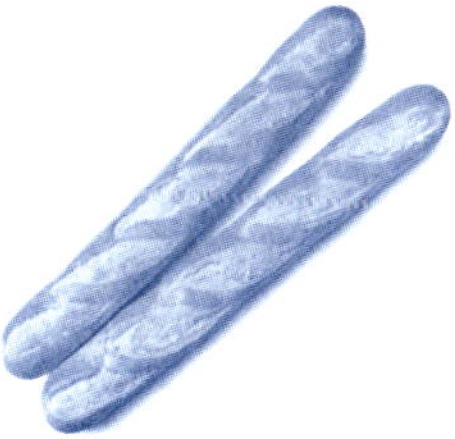

37 Die Geschäfte

Die meisten Geschäftsnamen enden mit **-rie** und sind daher weiblich.

In Frankreich ist la **boucherie-charcuterie** *(Metzgerei)* manchmal in zwei Läden getrennt: der erste für geschlachtetes Fleisch, der zweite für Wurstwaren. Man findet oft im selben Raum die *Bäckerei* und die *Konditorei*: **la boulangerie-pâtisserie**. **La librairie-papeterie** ist sowohl eine *Buchhandlung* als auch ein *Papierwarengeschäft*.

Verwechseln Sie nicht **le magasin** *(Laden)* und **le magazine** *(Zeitschrift)*!

Eine *Boutique* ist auch **un magasin de vêtements**, aber nicht nur.
Es gibt zahlreiche Kombinationen mit **le magasin de...**, z. B.:

le magasin de sport	*Sportgeschäft*
le magasin d'alimentation	*Lebensmittelgeschäft*

Wenn Sie in Paris sind, sollten Sie nicht nur die edelsten Boutiquen der **Champs-Élysées** und des **Place Vendôme** besuchen, sondern auch die großen traditionsreichen Kaufhäuser des neunten Arrondissements. Wie **Les Nouvelles Galeries, Les Galeries Lafayette** oder **Le Printemps**, gekrönte Jugendstil-Galeriehallen.

LÖSUNGEN:

1. B, **2.** F, **3.** E, **4.** I, **5.** G, **6.** D, **7.** A, **8.** J, **9.** C, **10.** H

38 Un ami ou une amie ?

a Tragen Sie die weibliche Form der folgenden Substantive ein. Denken Sie daran, die Vornamen anzupassen.**

1. un Indien ______
2. un champion ______
3. mon cousin René ______
4. mon frère François ______
5. le maître du chien ______

______

b Tragen Sie nun die Pluralform ein. **

1. un jeu d'enfant ______
2. mon fils chéri ______
3. un gaz rare ______
4. un riz délicieux ______
5. un repas cher ______

38 Feminin- und Pluralbildung der Substantive

Wie bei den Adjektiven ist die regelmäßige Femininform des Substantivs im Französischen ein stummes **-e**:

un ami → une ami**e**	*ein Freund → eine Freundin*

!

un Italien	**une Italienne**	*ein Italiener*	*eine Italienerin*
le lion	**la lionne**	*der Löwe*	*die Löwin*
un tigre	**une tigresse**	*ein Tiger*	*eine Tigerin*
un sportif	**une sportive**	*ein Sportler*	*eine Sportlerin*

Im Plural erhalten die meisten Substantive ein stummes **-s**:

le cousin	→ les cousin**s**	*der Cousin*	*→ die Cousins*
la cousine	→ les cousine**s**	*die Cousine*	*→ die Cousinen*

!

un Portugais	des Portugais	*ein Portugiese*	*Portugiesen*
le ne**z**	les ne**z**	*die Nase*	*die Nasen*
le pri**x**	les pri**x**	*der Preis*	*die Preise*

LÖSUNGEN:

a) **1.** une Indienne, **2.** une championne, **3.** ma cousine Renée, **4.** ma sœur Françoise, **5.** la maîtresse de la chienne; b) **1.** des jeux d'enfant(s), **2.** mes fils chéris, **3.** des gaz rares, **4.** des riz délicieux, **5.** des repas chers

39 Les métiers

a Verbinden Sie den Beruf mit dem entsprechenden Arbeitsort.*

1. l'instituteur	___	**A**	le restaurant
2. la serveuse	___	**B**	l'entreprise
3. le médecin	___	**C**	l'hôtel
4. le réceptionniste	___	**D**	l'école
5. l'employée	___	**E**	l'aéroport
6. le pilote	___	**F**	l'hôpital

b Ergänzen Sie mit dem männlichen oder weiblichen Gegenstück. Sie können gegebenenfalls im Glossar nachschlagen.*

1. le directeur	______________
2. ______________	la coiffeuse
3. le cuisinier	______________
4. ______________	la dentiste
5. ______________	la bouchère
6. le technicien	______________

39 Die Berufe

Un infirmier und **une infirmière** *(Krankenpfleger, -schwester)* arbeiten in **un hôpital** *(Krankenhaus)*, **un employé, une employée** *(Angestellte[r])* und **un ouvrier, une ouvrière** *(Arbeiter[in])* in **une entreprise** *(Unternehmen)*, **un instituteur, une institutrice** *(Grundschullehrer[in])* in **une école** *(Schule)*.

!

Man sagt zwar **le serveur, la serveuse** *(Kellner[in])*, **le coiffeur, la coiffeuse** *(Frisör[in])*, aber **un acteur, une actrice** *(Schauspieler[in])*.

Einige Berufe haben keine weibliche Form im Französischen, z. B.: **un ingénieur** *(Ingenieur[in])*, **un médecin** *(Arzt, Ärztin)*, **un professeur** *(Lehrer[in], Professor[in])*.

!

Manchmal sind die männliche und die weibliche Form identisch:

un/une pilote	*Pilot(in)*
un/une dentiste	*Zahnarzt(-ärztin)*
un/une secrétaire	*Sekretär(in)*
un/une réceptionniste	*Rezeptionnist(in), Empfangsdame*

LÖSUNGEN:

a) **1.** D, **2.** A, **3.** F, **4.** C, 5. B, 6. E; b) **1.** la directrice, **2.** le coiffeur, **3.** la cuisinière, **4.** le dentiste, **5.** le boucher, **6.** la technicienne

40 Comment dit-on ?

Kreuzen Sie die passenden Lösungen an. Es können mehrere Antworten richtig sein.*

1. Wie fragen Sie jemanden, wo er arbeitet?

☐ **A** Où est-ce que tu travailles ?
☐ **B** Tu travailles dans quelle entreprise ?
☐ **C** Quel est ton travail ?

2. Wie fragen Sie jemanden, was er beruflich macht?

☐ **A** Que faites-vous dans la vie ?
☐ **B** Qu'est-ce que tu fais le mercredi ?
☐ **C** Qu'est-ce que tu fais comme métier ?

3. Wie sagen Sie, dass Sie Urlaub haben?

☐ **A** Vive les vacances !
☐ **B** Je suis en congé.
☐ **C** Nous sommes en Italie.

4. Wie sagen Sie, dass Sie ein Praktikum machen möchten?

☐ **A** Je voudrais faire un stage.
☐ **B** Vous prenez des stagiaires ?
☐ **C** Est-ce que le stage commence lundi ?

40 Die Arbeitswelt, sich bewerben

Hier sind nützliche Wörter für eine Bewerbung:

une annonce *Anzeige*
le/la stagiaire *Praktikant(in)*
l'apprentissage *Lehre*
une lettre de motivation *Bewerbungsschreiben*
faire une demande d'emploi *sich um eine Stelle bewerben*
une offre d'emploi *Stellenangebot*
un stage *Praktikum*
une entreprise *Unternehmen*
un CV (curriculum vitae) *Lebenslauf*
le/la DRH (directeur, -trice des ressources humaines) *Personalleiter(in)*

Hin und wieder werden Sie nach Ihrem Beruf gefragt:

Que faites-vous **comme métier** ?	- Je suis employé(e) de bureau.
Was machen Sie beruflich?	*- Ich bin Büroangestellte(r).*

ABC

Umgangssprachlich nennt man *die Arbeit* **le boulot** und *den Chef* oder *die Chefin* **le patron** oder **la patronne**.

ABC

Sind Sie urlaubsreif? Sagen Sie:

Je suis en congé/en vacacances. *Ich habe/mache Urlaub.*

Sind Sie Rentner(in)? Sagen Sie:

Je suis en/à la retraite. *Ich bin im Ruhestand.*

LÖSUNGEN:

1. A, B, **2.** A, C, **3.** B, **4.** A, B

41 Ils nous ont téléphoné

a Welches indirekte Objektpronomen passt in die Lücke? Kreuzen Sie es an.*

1. Un instant, je... le passe ! ☐ **A** vous ☐ **B** lui
2. Vous... avez téléphoné ? ☐ **A** la ☐ **B** lui
3. Ils... ont proposé un nouvel emploi. ☐ **A** m' ☐ **B** l'
4. Je vais... demander le numéro. ☐ **A** se ☐ **B** leur
5. Je... souhaite bon courage. ☐ **A** la ☐ **B** lui

b Vervollständigen Sie die Sätze durch das passende indirekte Objektpronomen. Die deutsche Angabe in Klammern hilft Ihnen.*

1. Pierre ______________ a envoyé une lettre de motivation. (**ihnen**)
2. Je ______________ donne mon numéro de téléphone. (**dir**)
3. La secrétaire ______________ a donné le nom du DRH. (**mir**)
4. Les Martin ______________ ont vendu une voiture ? (**ihr**)
5. Je ______________ propose de faire un stage chez nous. (**Ihnen**)
6. Le vendeur ______________ a fait un bon prix ? (**euch**)

41 Indirektes Pronomen

Indirekte Objektpronomen stehen vor dem Verb und ersetzen indirekte Objekte (Objekte mit Präpositionen), z. B.:

Je donne mon sac **à Lucie**.	*Ich gebe Lucie meine Tasche.*
Je **lui** donne mon sac.	*Ich gebe ihr meine Tasche.*

§

à moi	→ **me/m'**	à nous	→ **nous**
à toi	→ **te/t'**	à vous	→ **vous**
à lui/à Paul	→ **lui**	à eux/à Paul et Lise	→ **leur**
à elle/à Lise	→ **lui**	à elles/à Marie et Lise	→ **leur**

Stehen zwei Pronomen vor dem Verb, dann gibt es eine bestimmte Reihenfolge, z. B.:

Il donne **les sacs à Paul**.	*Ich gebe Paul die Taschen.*
Il **les lui** donne.	*Ich gebe sie ihm.*

Es gilt:

me/m' te/t' se/s' nous vous	vor	le la l' les	vor	lui leur

LÖSUNGEN:

a) **1.** A, **2.** B, **3.** A, **4.** B, **5.** B; b) **1.** leur, **2.** te, **3.** m', **4.** lui, **5.** vous, **6.** vous

42 Telefonieren

Finden Sie die richtige Reihenfolge der Sätze im Telefongespräch.**

1. - Très bien, monsieur. Je prends mon bloc-notes. ____
2. - Monsieur Brun et madame Paul raccrochent. ____
3. - Merci et à mardi, Anne. ____
4. - Allô ? Bonjour, c'est M. Brun. Qui est à l'appareil ? ____
5. - Monsieur Brun fait le numéro de madame Paul. ____
6. - Je ne viens pas le lundi 5 mais le mardi 6. C'est d'accord ? ____
7. - Anne Paul. Bonjour, monsieur. ____
8. - Il n'est pas là ce matin. Il va vous rappeler cet après-midi. ____
9. - Maison Sédubo, bonjour ! ____
10. - Non, merci. Je vais laisser un message. ____
11. - Madame Paul décroche. ____
12. - Bonjour, Anne, je voudrais parler à M. Duc, s'il vous plaît. ____
13. - Oui, c'est noté. Alors à mardi, au revoir, monsieur. ____

42 Telefonieren

ABC

une cabine téléphonique	*Telefonzelle*
téléphoner à qn/appeler qn	*jdn anrufen*
un [téléphone] portable	*Mobiltelefon*
faire un numéro [fixe]	*eine [feste] Nummer wählen*
décrocher/raccrocher	*abheben/auflegen*

In Frankreich meldet sich die angerufene Person in der Regel nicht mit ihrem Namen, sondern mit **Allô ?** oder **Oui ?**

In einer Firma werden Sie z. B. hören:

Société ABC, bonjour !	*Firma ABC, guten Tag!*

Ist der gewünschte Gesprächspartner nicht da?

Voulez-vous laisser **un message** ?	*Wollen Sie eine Nachricht hinterlassen?*
Je **vais rappeler** plus tard.	*Ich werde später zurückrufen.*

LÖSUNGEN:

9, 13, 12, 4, 1, 10, 5, 7, 3, 8, 2, 6, 11

43 Qu'est-ce que tu dis ?

Suchen Sie die Verbformen von **dire**, **croire** und **faire** in den Wortschlangen. Schreiben Sie sie auf die Schreiblinien.*

1. ddiissdistiditdionssdisonsdisédisezditesditentdittentdisent

2. croycroiscrostonscroitcroiyicroyezcorscrcroientcrycroiscriezcroyons

3. faisezfatfaitesfritesfaitfaifasifontfinefffaisezfaisonsfononsfaissif

43 Die Verben *croire*, *dire* und *faire*

Das Verb **croire** *(glauben)* hat zwei Stämme im Präsens, je nachdem, ob die Endung stumm oder betont ist:

je	croi**s**	nous	croy**ons**
tu	croi**s**	vous	croy**ez**
il/elle	croi**t**	il/elles	croi**ent**

Passé composé: j'ai **cru** *(ich habe geglaubt)*

Die Endung der 2. Person Pl. des Verbs **dire** *(sagen)* ist wie bei **être** und **faire** *(machen/tun)* **-tes** [t]. Im Französischen haben nur diese drei Verben eine solche Endung:

je	di**s**	nous	di**sons**	je	fai**s**	nous	fai**sons**
tu	di**s**	vous	di**tes**	tu	fai**s**	vous	fai**tes**
il/elle	di**t**	il/elles	di**sent**	il/elle	fai**t**	il/elles	**font**

Passé comp.: j'ai **dit** *(ich habe gesagt)* j'ai **fait** *(ich habe gemacht)*

LÖSUNGEN:

1. dis, dit, disons, dis, dites, disent, **2.** crois, croit, croyez, croient, crois, croyons, **3.** faites, fait, font, fais, faisons, fais

44 Les parties du corps

Kreisen Sie den passenden Begriff ein. Wenn Sie nicht alle Wörter kennen, können Sie im Glossar nachschlagen. Die genaue Bedeutung der Wendungen finden Sie auf der Lösungsseite.**

1. Paul ne sait pas la réponse. Il donne sa **bouche/langue** au chat.
2. C'est facile, on arrive là-bas les **doigts/pieds** dans le nez.
3. Elle a appris le poème par **cœur/dos**.
4. Ça m'énerve, j'en ai plein le **ventre/dos**.
5. Il boit trop de vin, il lève le **bras/coude** trop souvent.
6. Le travail est mal fait, c'est fait par-dessus la **jambe/cuisse**.
7. Il est entré sans payer, il est entré à **l'oreille/l'œil**.
8. Luc aime bien les bons plats, c'est une fine **bouche/tête**.
9. Je suis très fatigué, je suis sur les **dents/genoux**.
10. Le poisson n'était pas frais, j'ai mal à **l'estomac/au cœur**.
11. La police est en alerte, elle est sur les **pieds/dents**.
12. Tu vas avoir un problème, c'est sûr, ça te pend au **nez/bras**.

44 Die Körperteile

la tête *Kopf*	**les oreilles** (f.) *Ohren*	**le visage** *Gesicht*	**les yeux** [jø] (Sg. **un œil** [œj]) *Augen*		
le nez *Nase*	**la bouche** *Mund*	**la langue** *Zunge*	**les dents** (f.) *Zähne*	**le cou** *Hals*	**la gorge** *Hals*
l'épaule *Schulter*	**le coude** *Ellbogen*	**le bras** *Arm*	**la main** *Hand*	**le doigt** *Finger*	
le dos *Rücken*	**le cœur** *Herz*	**l'estomac** (m.) *Magen*	**le ventre** *Bauch*	**le foie** *Leber*	
la cuisse *Schenkel*	**le genou** *Knie*	**la jambe** *Bein*	**le pied** *Fuß*	**le talon** *Ferse*	**l'orteil** (r *Zeh*

J'ai mal à la tête/**au** ventre/**aux** oreilles/**aux** yeux.
Ich habe Kopf-/Bauch-/Ohren-/Augenschmerzen.

LÖSUNGEN:

1. langue *(das Raten aufgeben)*, **2.** doigts *(etw. mit links machen)*, **3.** cœur *(auswendig)*, **4.** dos *(die Nase voll haben)*, **5.** coude *(gerne bechern)*, **6.** jambe *(etw. auf die schnelle erledigen)*, **7.** l'œil *(umsonst)*, **8.** bouche *(ein Feinschmecker)*, **9.** genoux *(auf dem Zahnfleisch gehen)*, **10.** au cœur *(es ist mir übel)*, **11.** dents *(in äußerster Anspannung sein)*, **12.** nez *(es blüht dir)*

45 Faisons un exercice !

Setzen Sie die Verben in Klammern in den Imperativ.*

1. ______ -moi de tes vacances. (parler, Sg.)
2. Tout va bien. Ne te ______ pas ! (déranger)
3. ______ -y ! Je vais venir plus tard. (aller)
4. ______ tes devoirs, tu vas sortir après. (finir)
5. ______ -moi ! J'arrive ! (attendre, 2. Pers. Pl.)
6. ______ un kilo de bananes, Paul. (acheter)
7. Mais ______ un peu attention ! (faire, 2. Pers. Pl.)
8. ______ au cinéma ce soir. (aller, 1. Pers. Pl.)
9. Luc, ______ mon sac, s'il te plaît. (prendre)
10. ______ avec nous, Marie ! (venir)
11. Je suis malade, ______ le docteur. (appeler, Sg.)
12. Chéri, ______ un taxi, c'est plus rapide. (prendre, 1. Pers. Pl.)

45 Der Imperativ

Der Imperativ hat im Französischen drei Personen wie im Deutschen. Im Gegensatz zum Deutschen werden jedoch im Plural keine Subjektpronomen verwendet. Die 2. Person Sg. (Imperativ) hat dieselbe Form wie die 1. Person Sg. (Präsens), z. B.:

manger *(essen)*	**venir** *(kommen)*
Mange ! *(Iss!)*	Viens *(Komm!)*
Mangeons ! *(Essen wir!)*	Venons *(Kommen wir!)*
Mangez ! *(Esst!/Essen Sie!)*	Venez *(Kommt!/Kommen Sie!)*

Der Imperativ des Verbs **aller** ist im Plural regelmäßig und wird im Singular nicht von der 1. Person Sg. des Präsens, **je vais**, abgeleitet:

Va chez Paul.	→	**Vas-y.**	**Allons** chez Paul.	→	**Allons-y.**
Geh zu Paul.	→	*Geh hin.*	*Gehen wir zu Paul.*	→	*Gehen wir hin.*

!

Die Verben **avoir** *(haben)*, **être** *(sein)* und **savoir** *(wissen)* sind unregelmäßig:
aie, ayons, ayez - sois, soyons, soyez - sache, sachons, sachez.

LÖSUNGEN:

1. Parle, **2.** dérange, **3.** Vas, **4.** Finis, **5.** Attendez, **6.** Achète, **7.** faites, **8.** Allons, **9.** prends, **10.** Viens, **11.** appelle, **12.** prenons

46 Est-ce que c'est vrai ?

Kreisen Sie den richtigen Ausdruck ein.**

1. En France, on paie **l'ordonnance/la consultation** chez le médecin.
2. Si vous avez mal à la tête, prenez **un comprimé/une tablette**.
3. Le docteur pour les dents s'appelle **un dentiste/un dentifrice**.
4. Va chez le médecin, il te donnera **une recette/une ordonnance**.
5. On dit **« À votre santé ! »/« Bon rétablissement ! »** quand quelqu'un éternue.
6. L'infirmière apporte les médicaments sur **un plateau/une tablette**.
7. La Sécurité sociale est un service de **la police/l'assurance maladie**.
8. Tu manges trop. Pense à **ta figure/ta ligne** !

46 Die Gesundheit, beim Arzt

In Frankreich wird der Arzt nur mit **„Docteur"** *(Herr/Frau Doktor)* angesprochen.

Man bezahlt sofort den *Arztbesuch* (**la consultation**) sowie die Rechnung in der *Apotheke* (**la pharmacie**).
Die staatliche französische *Krankenkasse* (**la caisse d'assurance maladie/ la Sécurité sociale**) erstattet einen Teil der Kosten.
Sind Sie in Deutschland versichert, heben Sie alle Belege gut auf!

le médicament	*Medikament*	le/la patient, -e	*Patient(in)*
des antibiotiques (m.)	*Antibiotika*	un sirop	*Hustensaft*
un comprimé	*Tablette*	de la fièvre	*Fieber*
tousser	*husten*	un rhume	*Schnupfen*
Bon rétablissement !	*Gute Besserung!*	une ordonnance	*Rezept*

Die Franzosen sagen **„À votre/ta santé !"** *(Gesundheit!)* nicht, wenn jemand niest, sondern wenn sie auf jemanden anstoßen.
Une tablette ist ein *Täfelchen*, das *Tablett* heißt **un plateau** und **une recette** ist nur ein *Kochrezept*, kein ärztliches Rezept!

LÖSUNGEN:

1. la consultation, **2.** un comprimé, **3.** un dentiste, **4.** une ordonnance, **5.** « À votre santé ! », **6.** un plateau, **7.** l'assurance maladie, **8.** ta ligne

47 Avoir ou être ?

a Kreisen Sie das richtige Hilfsverb: **avoir** oder **être**?*

1. Nous **sommes/avons** visité la vieille ville.
2. Lucie **est/ai** partie en vacances hier.
3. Ils **sont/ont** acheté un chalet à la montagne.
4. J'**est/ai** acheté des jolies cartes postales.
5. Paul et Julie **sont/ont** montés dans le train.

b Vervollständigen Sie die Partizipien mit der richtigen Endung.**

1. Alice n'est pas allé ____ à l'école hier.
2. Mon mari et moi, nous sommes parti ____ samedi matin.
3. Anna et Laure ont fait ____ du shopping hier.
4. Marc, Luc et Clara ont pris ____ le tram et sont allé ____ en ville.
5. Zoé s'est levé ____ tôt ce matin et elle est allé ____ voir son copain.

47 Das Passé composé mit *être*

Wie im Deutschen bilden manche Verben das Passé composé mit dem Hilfsverb **être** (*sein*). Es handelt sich um:

- die **Reflexivverben**:
  il se lève → il s'est levé
  er steht auf → *er ist aufgestanden*

- die Verben der **Bewegungsrichtung:**
  elle vient → elle est venue
  sie kommt → *sie ist gekommen*

Das **Partizip** mit dem Hilfsverb **être** wird an das Subjekt angeglichen, etwa wie ein Adjektiv, z. B.:

il est allé/**ils** sont allé**s**	*er ist/sie sind gegangen*
elle est all**ée**/**elles** sont allé**es**	*sie ist/sie sind gegangen*

Bei **je, tu, nous** und **vous** muss man wissen, wer gemeint ist, auch in der Höflichkeitsform!

LÖSUNGEN:

a) **1.** avons, **2.** est, **3.** ont, **4.** ai, **5.** sont; b) **1.** allé**e**, **2.** parti**s**, **3.** fait, **4.** pris, allé**s**, **5.** levé**e**, allé**e**

48 Allô, police ?

a Verbinden Sie die französischen Bezeichnungen links mit der deutschen Entsprechung rechts.*

1. la police	___ **A** Feuerwehr
2. les pompiers	___ **B** medizinischer Notdienst
3. le S.A.M.U.	___ **C** Polizei
4. la banque	___ **D** Rathaus
5. la mairie	___ **E** Bank

b Erkennen sie diese Wörter rund um das Thema Polizei? Bringen Sie die Buchstaben in die richtige Reihenfolge. Die deutsche Übersetzung hilft Ihnen sicherlich.**

1. d p r e e r ________________ (**verlieren**)

2. l o r e v ________________ (**stehlen**)

3. e t n i a l p ________________ (**Anzeige**)

4. é m i n t o ________________ (**Zeuge**)

48 Im Notfall

On vous **a volé** quelque chose ? Allez à **la police** pour **porter plainte**, puis allez au **bureau des objets trouvés** de **la mairie**.
Hat Ihnen jemand etwas gestohlen? Gehen Sie zur Polizei, um eine Anzeige zu erstatten, dann gehen Sie zum Fundbüro des Rathauses.

Vous êtes très malade ? Téléphonez au Service d'aide médicale urgente (**S.A.M.U.**) et appelez **une ambulance**.
Sind sie schwer krank? Rufen Sie den medizinischen Notfalldienst an und bestellen Sie einen Krankenwagen.

Il y a eu **un accident** ? Aidez le/la/les **blessé**/e/s, appelez **les pompiers** (m.) et notez l'adresse des **témoins**.
Ist ein Unfall passiert? Helfen Sie dem/der/den Verletzten, rufen Sie die Feuerwehr an und notieren Sie die Adresse der Zeugen.

Die **Police municipale** *(Gemeindepolizei)* untersteht dem Bürgermeister, die **Police nationale** *(Nationalpolizei)* dem Innenministerium und die für ländliche Gebiete und Kleinstädte zuständige **Gendar-merie nationale** dem Verteidigungsministerium. Sie dient als **Garde républicaine** *(Bewachung der Regierungsgebäude und Ehrendienst)* und übernimmt Militärangelegenheiten, Polizeiaufgaben auf See und auf Flugplätzen.

LÖSUNGEN:

a) **1.** C, **2.** A, **3.** B, **4.** E, **5.** D; b) **1.** perdre, **2.** voler, **3.** plainte, **4.** témoin

49 Faisons un peu de sport !

Wo könnten Sie diese Sportarten ausüben?*

1.	le handball	___ **A**	sur la mer
2.	la gymnastique	___ **B**	à la montagne
3.	le volley-ball	___ **C**	au gymnase
4.	la natation	___ **D**	au stade
5.	le golf	___ **E**	sur la plage
6.	le rugby	___ **F**	à la maison
7.	la voile	___ **G**	à la piscine
8.	l'escalade	___ **H**	sur la pelouse

49 Der Sport

Wo kann man z. B. Sport treiben?

sur l'**eau** *(auf dem Wasser)*	faire **du canoë** *(Kanu fahren)* faire **de la voile** *(segeln)*
sur la **plage** *(am Strand)*	jouer **au volley(ball)** *(Volleyball spielen)*
à la **piscine** *(im Schwimmbad)* oder à la **mer** *(am Meer)*	faire **de la natation** *(schwimmen)* nager *(schwimmen)*
sur la **pelouse** *(auf dem Rasen)*	jouer **au golf** *(Golf spielen)*
dans un **gymnase** *(in einer Turnhalle)*	jouer **au basket(ball)** *(Basketball spielen)*
en plein air *(im Freien)*	faire **de la randonnée** *(wandern)* faire **du footing** *(laufen)*
à la **montagne** *(in den Bergen)*	faire de **l'escalade** (f.) *(wandern)* faire **du ski** *(Skifahren)*
dans la **nature** *(in der Natur)*	faire de **l'équitation** (f.) *(reiten)* faire **du vélo** *(Radfahren)*
dans un **stade** *(in einem Stadion)*	faire de l'**athlétisme** (m.) *(Leichtathletik machen)* jouer **au rugby** *(Rugby spielen)*

LÖSUNGEN:

1. C, **2.** F, **3.** E, **4.** G, **5.** H, **6.** D, **7.** A, **8.** B

50 Savoir ou pouvoir ? C'est la question.

Setzen Sie die passende Form von **savoir** oder **pouvoir** im Präsens ein.**

1. Il ______________ jouer de la guitare. Il est guitariste.
2. Est-ce que je ______________ faire du foot, cet après-midi ?
3. Elles ne ______________ pas le nom de leur voisine.
4. Tu ______________ m'acheter des pommes, s'il te plaît ?
5. Vous n'êtes pas malade. Vous ______________ vous lever.
6. Le golf, c'est nouveau. Nous ne ______________ pas jouer.
7. Ils ______________ venir avec moi, j'ai une grande voiture.
8. Tu vas ______________ sortir ce soir : papa est d'accord.
9. Je ne ______________ pas où est la bonne route.
10. Vous ______________ lire ? Pas de cigarettes dans le café !

50 Die Verben *savoir* und *pouvoir*

Das Verb **savoir** kann entweder **savoir qc** *(etw. wissen)* oder **savoir faire qc** *(etw. können)* bedeuten:

Je **sais** écrire.	*Ich kann schreiben.*
Je **sais** ce que c'est.	*Ich weiß, was es ist.*

Savoir hat zwei Stämme im Präsens:

je	**sais**	nous	**sav**ons
tu	**sais**	vous	**sav**ez
il/elle	**sai**t	ils/elles	**sav**ent

Passé composé: j'ai **su** *(ich habe gewusst/gekonnt)*

Der Stamm des Verbs **pouvoir** *(können; dürfen)* ist wie bei **vouloir** *(wollen)* in der 3. Person Plural eine Mischung aus dem Singular- und dem Pluralstamm:

je	**peu**x	nous	**pouv**ons
tu	**peu**x	vous	**pouv**ez
il/elle	**peu**t	ils/elles	**peuv**ent

Passé composé: j'ai **pu** *(ich habe gekonnt/gedurft).*

LÖSUNGEN:

1. sait, **2.** peux, **3.** savent, **4.** peux, **5.** pouvez, **6.** savons, **7.** peuvent, **8.** pouvoir, **9.** sais, **10.** savez

51 Qu'est-ce que tu fais ce soir ?

a Kennen Sie diese Musikinstrumente?
Kreuzen Sie den passenden Begriff an.*

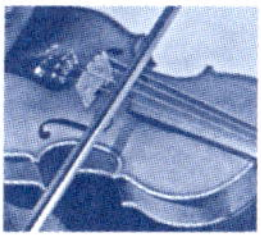   

1. ☐ **A** le violon ☐ **B** la guitare ☐ **C** la voiture

2. ☐ **A** le pays ☐ **B** la pomme ☐ **C** le piano

3. ☐ **A** la fleur ☐ **B** la sœur ☐ **C** le saxophone

4. ☐ **A** la girafe ☐ **B** la guitare ☐ **C** le canard

b An welchem Ort kann man folgende kulturelle Angebote finden?
Unterstreichen Sie die richtige Antwort.*

1. Pour voir un film, je vais au **théâtre/cinéma**.
2. Pour écouter de la musique, nous allons **au cirque/à un concert**.
3. Il y a une exposition intéressante au **restaurant/musée**.
4. J'adore la musique classique, je vais souvent à **l'opéra/l'épicerie**.

51 Das Kulturleben

Sie können eine Veranstaltung besuchen:

le cinéma	*Kino*	le théâtre	*Theater*
le concert	*Konzert*	le cirque	*Zirkus*
l'opéra (m.)	*Oper*	l'exposition (f.)	*Ausstellung*

Wollen Sie eine Ausstellung oder eine Stadt besichtigen, sagen Sie:

visiter une exposition/ville — *eine Ausstellung/Stadt besichtigen*

Wollen Sie einen Freund besuchen, sagen Sie:

rendre visite à un ami — *einen Freund besuchen*

Sie haben viele andere Möglichkeiten:

lire un livre	*ein Buch lesen*
écouter de la musique	*Musik hören*
naviguer sur le net	*im Internet surfen*
jouer du piano/violon/de la flûte	*Klavier/Geige/Flöte spielen*
aller se promener	*spazieren gehen*
faire les magasins/faire du shopping	*bummeln*

LÖSUNGEN:

a) **1.** A, **2.** C, **3.** C, **4.** B; b) **1.** cinéma, **2.** à un concert, **3.** musée, **4.** l'opéra

52 Les médias

Verbinden Sie die Begriffe, die zusammenpassen. Wenn Sie sie nicht alle kennen, können sie im Glossar nachschlagen.

1.	la télévision	___	**A**	le clavier
2.	l'ordinateur	___	**B**	la télécommande
3.	l'émission	___	**C**	un e-mail
4.	les petites annonces	___	**D**	la radio
5.	écrire	___	**E**	l'ordinateur
6.	écouter	___	**F**	Internet
7.	surfer	___	**G**	le journal
8.	la souris	___	**H**	la télévision

52 Die Medien in Frankreich

Noch mehr als das Radio gehört das **Fernsehen** zur Kulturlandschaft:

Télévision française 1 (TF1) war lange Zeit ein öffentlich-rechtliches Programm und wurde 1987 privatisiert.
France Télévisions fasst heute alle Sender des öffentlich-rechtlichen Fernsehens zusammen. Der Hauptsender ist **France 2**, Regional-programme laufen auf **France 3.**
Weitere Fernsehsender sind **M 6** für Musik und Magazine, **Canal** + als Pay-TV und natürlich der deutschfranzösische Fernsehsender **Arte**.

Ebenso gehören **Zeitungen** und **Zeitschriften** dazu:

Unter den überregionalen Zeitungen sind die wichtigsten **Le Monde, Libération, Le Figaro. L'Équipe** ist die wichtigste Sportzeitung.
Die bekanntesten regionalen Zeitungen sind **La Dépêche du Midi** (Toulouse), **Ouest-France** (für den Nord-Westen) und **La montagne** (Zentralfrankreich).
Es gibt auch sehr viele Wochenzeitschriften, wie **Le Nouvel Observateur, L'Express, Le Point**.

LÖSUNGEN:

1. B, **2.** A, **3.** H, **4.** G, **5.** C, **6.** D, **7.** F, **8.** E

53 Comparons !

Bilden Sie den Vergleich mit **moins** (-), **plus** (+) oder **aussi** (=) und dem angegebenen Adjektiv in der richtigen Form.*

1. Paris est ______________________ Bordeaux. (+ **grand**)
2. Un village est ______________________ une ville. (+ **petit**)
3. Le restaurant Délice est ______________________ le café Chez Paul. (- **bon**)
4. La vie dans un village est ______________________ à Paris. (- **cher**)
5. Les villes du nord sont ______________________ les villes du sud. (= **joli**)
6. Le livre est ______________________ le film. (+ **bon**)
7. Ma voiture est ______________________ la voiture de Michèle. (+ **vieux**)
8. Julie et Marie sont ______________________ Lucie. (= **sportif**)

53 Die Vergleichsformen des Adjektivs

Im Französischen wird der **Komparativ** gebildet, indem man **plus** *(mehr)*, **moins** *(weniger)* oder **aussi** *([genau]so)* vor das Adjektiv und **que/qu'** *(als/wie)* vor das Bezugswort setzt.

La veste rouge est *Die rote Jacke ist*	**plus** chère *teurer*	**que** la veste jaune. *als die gelbe Jacke.*
La veste jaune est *Die gelbe Jacke ist*	**aussi** chère *so teuer*	**que** la veste bleue. *wie die blaue Jacke.*
La veste verte est *Die grüne Jacke ist*	**moins** chère *nicht so teuer*	**que** la veste rouge. *wie die rote Jacke.*

!

Die Steigerungsformen des Adjektivs **bon, -ne** *(gut)* lauten: **meilleur, -e** [mɛjœR] *(besser)*, **aussi bon, -ne** *(so gut)* und **moins bon, -ne** *(weniger gut)*.

Der **Superlativ** wird gebildet, indem man den bestimmten Artikel **le/la/les** vor den Komparativ setzt. In der Regel steht das Nomen davor. Man setzt **de/d'/du** vor das Bezugswort des Vergleichs:

Lyon n'est pas la ville **la plus** grande **de** France/**d'**Europe/**du** pays.
Lyon ist nicht die größte Stadt Frankreichs/Europas/des Landes.

LÖSUNGEN:

1. plus grande que, **2.** plus petite qu', **3.** moins bon que, **4.** moins chère qu', **5.** aussi jolies que , **6.** meilleur que, **7.** plus vieille que, **8.** aussi sportives que

54 Les activités de loisirs

Was gehört zusammen? Verbinden Sie die Freizeitbeschäftigungen mit dem passenden Ort.*

1.	regarder un film	___	**A**	dans un lit
2.	écouter de la musique	___	**B**	à la bibliothèque
3.	faire une randonnée	___	**C**	sur le net
4.	nager	___	**D**	au restaurant
5.	visiter	___	**E**	au cinéma
6.	naviguer	___	**F**	à un concert
7.	lire	___	**G**	un musée
8.	manger	___	**H**	en plein air
9.	dormir	___	**I**	à la piscine

54 Die Freizeitbeschäftigungen

Wollen Sie sich über Freizeit unterhalten? Sie können sagen:

- Je **fais du** sport : **de la** danse et **de l'**équitation.
Ich treibe Sport: tanzen und reiten.

- Moi, je **joue au** foot, **aux** échecs et **à l'**ordinateur.
Ich spiele Fußball, Schach und mit dem Computer.

- Et toi ? Tu **joues du** tuba, **de la** trompette ou **des** castagnettes ?
Und du? Spielst du Tuba, Trompete oder Kastagnetten?

- Mais non, je **joue aux** cartes avec mes amis au café.
Aber nein, ich spiele Karten mit meinen Freunden im Café.

- Et moi, je **fais de la** peinture : j'ai un atelier pour dessiner.
Und ich male: ich habe ein Atelier, um zu zeichnen.

- En plus, le week-end, mon mari **fait la cuisine** ! Il adore ça !
Außerdem kocht mein Mann am Wochenende! Er liebt es!

!

Nur bei Musikinstrumenten sagt man **jouer de qc**. Sonst heißt es immer **jouer à qc**. Einfacher ist die Konstruktion mit dem Verb **faire**: Es wird immer vom Teilungsartikel gefolgt.

LÖSUNGEN:

1. E, **2.** F, **3.** H, **4.** I, **5.** G, **6.** C, **7.** B, **8.** D, **9.** A

55 Choisissez !

Vervollständigen Sie die Relativsätze mit **qui, que/qu'** oder **où.** **

1. Tu es allé à Nice ? - Oui, c'est la ville ______ mon père habite.
2. Dis, c'est Paul, dans la rue ? - Non, c'est Luc ______ arrive.
3. Les clients ______ viennent du marché vont au café.
4. Regarde, c'est la rue ______ l'accident est arrivé.
5. Il parle d'une ville ______ je veux visiter.
6. La ville propose des activités ______ on peut faire en vacances.
7. J'adore les gens ______ aiment la musique.
8. Je voudrais faire le voyage ______ nos voisins ont fait en juin.
9. Là, il y a un restaurant ______ s'appelle « Délices de la Place ».
10. L'employé ______ le directeur va prendre travaille très bien.
11. Sur la place, il y a un marché ______ on peut acheter des fruits.
12. Le manteau ______ elle a acheté est très élégant.

55 Die Relativpronomen

Qui *(der, die, das)* kann nur das Subjekt des Relativsatzes sein. Das Verb des Relativsatzes wird nach dem Bezugswort konjugiert:

C'est **toi qui fais** la cuisine et c'est **vous qui allez** à la boulangerie.
Du bist es, der kocht und ihr seid diejenigen, die zur Bäckerei gehen.

Que/qu' *(den, die, das)* ist das direkte Objekt des Relativsatzes und Vertreter seines Bezugsworts. Vor einem Vokal oder stummen **h** wird **que** zu **qu'**:

Voilà **la voiture qu'**Anna veut acheter.
Hier ist das Auto, das Anna kaufen will.

Zögern Sie zwischen **que** und **qui**? Dann schauen Sie, ob der Relativsatz bereits ein Subjekt hat: Ist der Platz besetzt, darf es nicht **qui** sein!

Où *(wo)* stellt eine Orts- oder gelegentlich eine Zeitangabe dar:

J'adore **la maison où** tu habites et **les jours où** on va à la plage !
Ich liebe das Haus, in dem du wohnst und die Tage, an denen wir zum Strand gehen!

LÖSUNGEN:

1. où, **2.** qui, **3.** qui, **4.** où, **5.** que, **6.** qu', **7.** qui, **8.** que, **9.** qui, **10.** que, **11.** où, **12.** qu'

56 Dis-moi où c'est.

Verbinden Sie die Präpositionen des Ortes mit der richtigen Übersetzung.*

1. derrière	___	**A**	gegenüber
2. devant	___	**B**	neben
3. en face (de)	___	**C**	rechts
4. à côté (de)	___	**D**	vor
5. à droite (de)	___	**E**	links
6. à gauche (de)	___	**F**	hinter
7. sur	___	**G**	zwischen
8. dans	___	**H**	auf
9. entre	___	**I**	unter
10. sous	___	**J**	in

56 Die Ortsangaben

Im Französischen drückt man den Ort, **wo** man ist oder den Ort, **wohin** man geht, mit derselben Präposition aus:

Anne **va à** Paris/**en** ville.	Elle **est à** Paris/**en** ville.
Anna geht nach Paris/in die Stadt.	*Sie ist in Paris/in der Stadt.*

Hier sind einige Präpositionen :

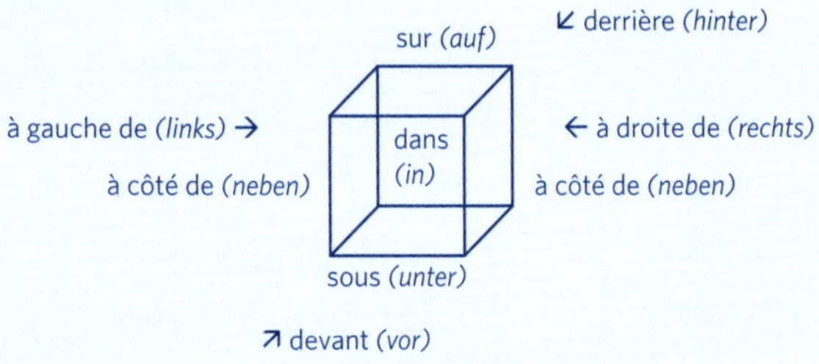

Luc est **en face de** Paul.	La table est **entre** eux.
Luc sitzt gegenüber von Paul.	*Der Tisch steht zwischen ihnen.*

LÖSUNGEN:

1. F, **2.** D, **3.** A, **4.** B, **5.** C, **6.** E, **7.** H, **8.** J, **9.** G, **10.** I

57 Plus tard

Bilden Sie das Futur simple des Verbs in der angegebenen Person wie im Beispiel.**

1.	travailler	je	travaillerai
2.	écouter	vous	
3.	lire	elle	
4.	regarder	ils	
5.	aller	tu	
6.	pouvoir	il	
7.	prendre	nous	
8.	avoir	vous	
9.	choisir	elles	
10.	être	je	

57 Das Futur simple

Neben dem **Futur composé** hat das Französische auch das **Futur simple**, das mit nur einem Wort gebildet wird und vor allem in der Schriftsprache gebraucht wird.

Die **regelmäßigen Verben** auf **-er, -ir, -re** haben nach dem **-r** des Infinitivs folgende Endungen: **-ai, -as, -a, -ons, -ez, -ont,** z. B.:

regarder	+ **-ai**	→ je regarderai *(ich werde sehen)*
finir	+ **-ont**	→ ils finiront *(sie werden beenden)*
prendr	+ **-as**	→ tu prendras *(du wirst nehmen)*

!

Bei Verben mit zwei Stammformen nimmt man die Form mit den stummen Endungen: acheter, il achète + **-r-** → nous achèterons *(wir werden kaufen)*.

Die geläufigsten **unregelmäßigen Verben** sind:

avoir	→ j'**aur**ai	pouvoir	→ nous **pourr**ons
être	→ tu **ser**as	vouloir	→ vous **voudr**ez
faire	→ il **fer**a	voir	→ ils **verr**ont
aller	→ j'**ir**ai	savoir	→ vous **saur**ez
venir	→ tu **viendr**as	devoir	→ nous **devr**ons

LÖSUNGEN.

2. écouterez, **3.** lira, **4.** regarderont, **5.** iras, **6.** pourra, **7.** prendrons, **8.** aurez, **9.** choisirons, **10.** serai

58 Où vas-tu ?

Kennen Sie diese Verkehrsschilder? Notieren Sie den richtigen Buchstaben in der Lücke.*

A

B

C

D

1. Ce sont trois couleurs pour stopper ou continuer. ______
2. C'est pour passer sur l'autre trottoir sans danger. ______
3. Tournez à droite ! ______
4. Là, on peut laisser la voiture et continuer à pied. ______

58 Die Verkehrsschilder

Die meisten *Verkehrsschilder* (**un panneau de la circulation**) sind in Frankreich und in Deutschland identisch, aber wenn sie mit einem französischen Text versehen sind oder wenn sie in einer Erklärung genannt werden, sollte man sie erkennen können, z. B.:

ABC

Stationnement interdit	*Parkverbot*
Parking	*Parkplatz*
Stop	*Stopp(schild)*
Attention !	*Achtung!*
Travaux	*Baustelle!*
Trous en formation	*Straßenschäden*
Rond-point	*Kreisverkehr*
Vous n'avez pas la priorité !	*Sie haben keine Vorfahrt!*
Toutes directions	*Alle Richtungen*
Centre-ville	*Stadtzentrum*
Passage protégé	*Zebrastreifen*
Piéton	*Fußgänger*

LÖSUNGEN:

1. B, **2.** A, **3.** D, **4.** C

59 L'office du tourisme

Sie haben sich in einer fremden Stadt verlaufen. Sie fragen einen Passanten nach dem Weg. Kreuzen Sie die zur Antwort passende Frage an. Mehrere Fragen sind möglich.*

1.

- ☐ **A** Pardon, je cherche la poste.
- ☐ **B** La poste, c'est par où ?
- ☐ **C** Je suis à la poste.

- Ah, la poste, c'est au carrefour à droite.

2.

- ☐ **A** Où est le musée ?
- ☐ **B** Vous avez l'addition ?
- ☐ **C** Il est au restaurant ?

- Vous allez toujours tout droit et c'est la première à droite.

3.

- ☐ **A** Où se trouve l'office du tourisme ?
- ☐ **B** C'est où l'office du tourisme ?
- ☐ **C** Vous savez où est l'office du tourisme ?

- Là-bas, regardez, en face de la cathédrale.

4.

- ☐ **A** Pardon, je cherche la rue Debussy.
- ☐ **B** Où est Debussy ?
- ☐ **C** C'est ici, la rue Debussy ?

- La rue Debussy ? C'est au feu, à gauche.

59 Die Wegbeschreibung

Oft muss man im Ausland **nach dem Weg fragen** und die Erklärungen richtig verstehen, wie z. B. im folgenden Dialog.

- **Pardon**, monsieur, pouvez-vous m'aider, s'il vous plaît ? **Je cherche** une boulangerie.	*Entschuldigung, Monsieur, können Sie mir bitte helfen? Ich suche eine Bäckerei.*
- Ce n'est pas difficile, monsieur. Vous allez **jusqu'au carrefour**. Vous **tournez** à droite et vous **passez** devant **la gare**.	*Es ist nicht schwierig, Monsieur. Gehen Sie bis zur Kreuzung. Biegen Sie nach rechts ab und gehen Sie am Bahnhof vorbei.*
Vous arrivez à **la place de l'église** que vous **traversez**.	*Sie erreichen den Kirchplatz, den Sie überqueren.*
Continuez tout droit jusqu'au **feu**. Puis vous **prenez** la **pre-mière** rue à gauche.	*Gehen Sie weiter geradeaus bis zur Ampel. Dann biegen Sie in die erste Straße links ein.*
Vous voyez **un pont** et vous le traversez.	*Sie sehen eine Brücke und Sie überqueren sie.*
Vous faites **encore** 100 mètres.	*Gehen Sie noch 100 m.*
Là, vous verrez **la poste** sur votre gauche. La boulangerie es **en face** de la poste.	*Dort werden Sie die Post auf der linken Seite sehen. Die Bäckerei befindet sich gegenüber der Post.*

LÖSUNGEN:

1. A, B, **2.** A, **3.** A, B, C, **4.** A, C

60 Travaillons vite et bien !

a Welches Adjektiv (links) passt zu welchem Adverb (rechts)? Verbinden Sie.*

1. exact	___	**A**	premièrement
2. lent	___	**B**	vite
3. rapide	___	**C**	lentement
4. bon	___	**D**	exactement
5. premier	___	**E**	bien

b Ergänzen Sie die Sätze mit dem passenden Adverb anhand des Adjektivs in Klammern, z. B.: **Il est parti rapidement.****

1. Ce spectacle est ________________ bon. (**vrai**)
2. Nous arrivons ________________ à midi. (**sûr**)
3. Tu as été au cinéma ________________ ? (**dernier**)
4. La prochaine séance est ________________ mercredi. (**probable**)
5. Le film va passer ________________. (**prochain**)

60 Die Adverbien

Sie kennen im Französischen **unregelmäßige** Adverbien, wie z. B.:

hier *(gestern)*	aujourd'hui *(heute)*	demain *(morgen)*
bientôt *(bald)*	tôt *(früh)*	tard *(spät)*
ici *(hier)*	là(-bas) *(dort)*	vite *(schnell)*
aussi *(auch)*	souvent *(oft)*	beaucoup *(viel, sehr)*
trop *(zu viel)*	assez *(ziemlich; genug)*	très *(sehr)*
bien *(gut)*	mieux *(besser)*	mal *(schlecht)*

Meistens werden die französischen Adverbien **regelmäßig** gebildet und ihre unveränderliche Form unterscheidet sich vom Adjektiv.
Der weiblichen Adjektivform wird die Endung **-ment** angehängt:

prem**ier**, prem**ière** *(erster, erste)* → prem**ièrement** *(erstens)*
nerv**eux**, nerv**euse** *(nervös)* → nerv**eusement** *(nervös)*

Endet das Adjektiv mit einem Vokal, entfällt das stumme **-e** der weiblichen Form vor der Endung **-ment**, z. B.:

vrai, vrai**e** *(wahr)* → vrai**ment** *(wirklich)*

ABC

Für *schnell* haben Sie zwei Adverbien zur Verfügung:
rapidement (abgeleitet vom Adjektiv **rapide**) oder **vite**.

LÖSUNGEN:

a) **1.** D, **2.** C, **3.** B, **4.** E, **5.** A; b) **1.** vraiment, **2.** sûrement, **3.** dernièrement, **4.** probablement, **5.** prochainement

61 Visitons les curiosités !

Welche Ausdrücke passen zu jedem Bild? Notieren Sie den richtigen Buchstaben in der Lücke. **

A

B

C

1. Oh, regarde la belle vue sur le port ! ______
2. Je ne veux pas le traverser à pied, c'est trop long ! ______
3. Avec ça, on peut rapidement aller en face. ______
4. Est-ce qu'on peut aussi visiter le parc ? ______
5. On voit la basilique, là-bas, sur la colline. ______
6. Ce château est splendide. ______
7. Allons sur le pont pour voir la mer ! ______
8. Il y a beaucoup de bateaux pour faire de la voile. ______
9. Est-ce qu'il y a une visite guidée, cet après-midi ? ______

61 Die Sehenswürdigkeiten

Eine Sehenswürdigkeit heißt auf Französisch **une curiosité**, denn die *Neugier* (**la curiosité**) kann auch eine Tugend sein.

Um eine Stadt oder eine Region zu entdecken, können Sie z. B.:

faire la visite (guidée) du château	*die Schlossführung machen*
faire la visite (guidée) du musée	*die Museumsführung machen*
visiter l'église/la cathédrale	*die Kirche/Kathedrale besichtigen*
aller voir le vieux quartier/le port	*das alte Stadtviertel/den Hafen ansehen*
admirer des paysages pittoresques	*malerische Landschaften bewundern*
admirer la vue sur un pont	*die Aussicht von einer Brücke bewundern*

Ein jeder Staatsmann träumt davon, sein Andenken und seinen Ruhm für die Ewigkeit zu bewahren: Ludwig XIV., Napoleon, Georges Pompidou oder François Mitterrand prägten zu ihrer Zeit die französische Hauptstadt mit imposanten und einzigartigen Bauwerken: **Le château de Versailles, le Parc de La Villette, la Cité des Sciences et de l'Industrie, le Centre Pompidou** oder **la Pyramide du Louvre** sind nur einige Beispiele.

LÖSUNGEN:

1. B, **2.** C, **3.** C, **4.** A, **5.** B, **6.** A, **7.** C, **8.** B, **9.** A

62 Toujours des questions

Welches Fragewort oder welcher Interrogativbegleiter (**quel, quelle, quels** oder **quelles**) passt zu der Frage?**

1. Le ciel est de ________ couleur ? - Il est bleu.
2. Vous prenez ________ pantalon ? - Je prends le marron.
3. ________ a mangé mon gâteau ? - C'est moi.
4. ________ est-ce que tu fais demain? - Je vais à Lyon.
5. ________ est-ce que tu ne viens pas à la fête ?
   - Je ne peux pas parce que je suis déjà invité.
6. ________ est-ce que vous habitez ? - À Grenoble.
7. ________ sont les dates du voyage ? - Du 11 au 20 juin.
8. ________ est-ce qu'elle s'appelle ? - Elle s'appelle Eva.
9. Mais ________ veux-tu, à la fin ? - Un bonbon, maman.
10. ________ sont les jours où tu ne travailles pas ?
    - Le dimanche et le lundi, je ne travaille pas au magasin.

62 Die Interrogativbegleiter und die Fragewörter

Der Interrogativbegleiter **quel** *(welcher)* wird dem folgenden Substantiv angeglichen, z. B.:

Je mets **quel** pull, quel**le** veste, quel**s** gants et quel**les** *chaussettes* ?
Welchen Pullover, welche Jacke, welche Handschuhe und welche Socken ziehe ich an?

Quel/le(s) kann vom Substantiv durch das Verb **être** getrennt sein.
Quel est ton film préféré ? Et **quels** sont les acteurs que tu aimes ?
Was ist dein Lieblingsfilm? Und wer sind die Schauspieler, die du magst?

Ein **Fragewort** wird vor die Formel **est-ce que** oder vor die Gruppe Verb-Subjekt einer Inversion gesetzt, z. B.:

qui	*wer, wen*	que/qu'	*was*
quand	*wann*	comment	*wie*
combien	*wie viel(e)*	pourquoi	*warum*
où	*wo, wohin*	d'où	*woher*

ABC

Eine Frage mit **pourquoi** *(warum)* wird mit **parce que/qu'** *(weil)* beantwortet. Im Nebensatz bleibt aber das Verb am selben Platz wie im Aussagesatz.

LÖSUNGEN:

1. quelle, **2.** quel, **3.** Qui, **4.** Qu', **5.** Pourquoi, **6.** Où, **7.** Quelles, **8.** Comment, **9.** que, **10.** Quels

63 En France

Kennen Sie diese französischen Regionen? Ordnen Sie zu.*

___ **1.** Acquitaine ___ **2.** Bretagne

___ **3.** Lorraine ___ **4.** Île-de-France

___ **5.** Alsace ___ **6.** Pays de la Loire

___ **7.** Bourgogne ___ **8.** Languedoc-Roussillon

___ **9.** Auvergne ___ **10.** Provence

63 Frankreichs Regionen

Die traditionellen Regionen Frankreichs wurden teilweise zusammengelegt und bestehen heute aus 2 bis 6 **départements**.
Hier sind ihre offiziellen Namen angeordnet in einer zentrifugalen Spirale im Uhrzeigersinn, beginnend bei der nördlichen Atlantikküste:

la Bretagne
la Normandie
la Picardie
le Nord-Pas-de-Calais
la Champagne-Ardennes
la Lorraine
l'Alsace
la Franche-Comté
Rhône-Alpes
Provence-Alpes-Côte d'Azur
le Languedoc-Roussillon
le Midi-Pyrénées
le Poitou-Charentes
l'Aquitaine
les Pays de la Loire
le Centre
l'Île-de-France
la Bourgogne
l'Auvergne
le Limousin

Und dazu **la Corse** (*Korsika*), sowie die Übersee-Departements:
la Guyane, la Martinique, la Guadeloupe, Mayotte und **la Réunion**.

Für die **Telefonnummer** ist Frankreich in fünf Zonen aufgeteilt. Die ersten zwei Ziffern entsprechen einer dieser Zonen: **01** für Paris und Umgebung, **02** für Nordwest-Frankreich, **03** für Nordost-Frankreich, **04** für Südost-Frankreich und **05** für Südwest-Frankreich. Seit kurzem werden auch **08** und **09** verwendet.
Achtung! Wenn eine französische Telefonnummer mit **06** oder **07** anfängt, handelt es sich um eine **Handynummer**!

LÖSUNGEN:

1. J, **2.** A, **3.** D, **4.** C, **5.** E, **6.** B, **7.** F, **8.** I, **9.** G, **10.** H

64 Quelle heure est-il ?

Sehen Sie sich die Bilder an und wählen Sie die richtige Uhrzeit. Kreuzen Sie an.*

1

2

3

4

1. Il est...

- ☐ **A** dix heures moins le quart.
- ☐ **B** onze heures moins le quart.
- ☐ **C** dix heures et quart.

2. Il est...

- ☐ **A** six heures et demie.
- ☐ **B** cinq heures et demie.
- ☐ **C** sept heures et demie.

3. Il est...

- ☐ **A** dix heures et quart.
- ☐ **B** dix heures moins le quart.
- ☐ **C** dix heures dix.

4. Il est...

- ☐ **A** neuf heures et demie.
- ☐ **B** neuf heures moins vingt.
- ☐ **C** huit heures trente du matin.

64 Die Uhrzeit

ABC

Auf Französisch bedeutet **une heure** *eine Stunde* oder *ein Uhr.*

- Pardon, monsieur, **il est quelle heure ?/Vous avez l'heure ?**
  Entschuldigung, Monsieur, wie spät ist es?

- Il est…	Es ist …
20:00 : huit heures	*acht Uhr*
20:05 : huit heures cinq	*fünf nach acht*
20:10 : huit heures dix	*zehn nach acht*
20:15 : huit heures **et quart**	*Viertel nach acht*
20:20 : huit heures vingt	*zwanzig nach acht*
20:25 : huit heures vingt-cinq	*fünf vor halb neun*
20:30 : huit heures **et demie (Achtung!)**	*halb neun*
20:35 : neuf heures **moins** vingt-cinq	*fünf nach halb neun*
20:40 : neuf heures **moins** vingt	*zehn nach halb neun*
20:45 : neuf heures **moins le quart**	*Viertel vor neun*
20:50 : neuf heures **moins** dix	*zehn vor neun*
20:55 : neuf heures **moins** cinq	*fünf vor neun*

Notre train est **à quelle heure** ? À sept heures du matin ou du soir ?
Um wie viel Uhr fährt unser Zug? Um sieben Uhr früh oder nachts?

LÖSUNGEN:

1. B, **2.** B, **3.** A, **4.** C

65 Comprendre et répondre

a Ergänzen Sie die Sätze mit den vorgegebenen Verben. Denken Sie daran, die Verben zu konjugieren.*

prendre - apprendre - entendre - comprendre

1. Vous pouvez répéter ? Je ne ______________ pas.
2. Nous ne ______________ pas d'entrée.
3. Nadine ______________ le français depuis trois ans.
4. Parle plus fort, il n'______________ pas très bien !

b Die Buchstaben dieser Verben sind durcheinandergeraten. Bringen Sie sie wieder in die richtige Reihenfolge. Die Pronomen helfen Ihnen, die richtige Verbform zu finden.**

1.	O I S S C I H S N E T	ils	______________
2.	Z A T R E P	vous	______________
3.	P S O C F M R D N	je	______________
4.	S S S S S É I U O R N	nous	______________
5.	T R O D	elle	______________
6.	N E S D R P	tu	______________

65 Die Verben auf *-dre*

Die Besonderheit der Verben auf **-dre** liegt in der Verschmelzung der regelmäßigen Endung **-t** mit dem **-d** in der 3. Person Singular.

je	pren**ds**	nous	prenons	Passé composé:
tu	pren**ds**	vous	prenez	j'ai pr**is**
il/elle	pren**d**	ils/elles	prennent	

Außer **prendre** (*nehmen*) und den abgeleiteten Verben wie z. B. **comprendre** (*verstehen*) sind die Verben auf **-dre** regelmäßig, z. B.:

	atten**dre**	ven**dre**	répon**dre**	descen**dre**	
	warten	*verkaufen*	*antworten*	*aussteigen; heruntergehen*	
je/j'	atten**ds**	ven**ds**	nous	répon**d**ons	descen**d**ons
tu	atten**ds**	ven**ds**	vous	répon**d**ez	descen**d**ez
il/elle	atten**d**	ven**d**	ils/elles	répon**d**ent	descen**d**ent

Passé composé: j'ai atten**du**, ven**du**, répon**du**; je suis descen**du**(**e**)

!

Verwechseln Sie nicht **entendre** (*hören*) und **attendre** (*warten*).

LÖSUNGEN:

a) **1.** comprends, **2.** prenons, **3.** apprends, **4.** entend; b) **1.** choisissent, **2.** partez, **3.** comprends, **4.** réussissons, **5.** dort, **6.** prends

66 Les moyens de transport

Ordnen Sie ein Verkehrsmittel einem Foto zu. *

le bateau - le train - le bus - le taxi - la voiture -
le vélo - l'avion - le métro - le tram - le roller

1. ______________________

2. ______________________

3. ______________________

4. ______________________

66 Die Verkehrsmittel

Für eine *Reise* (**le voyage**) nehmen Sie das *Flugzeug* (**l'avion**), fahren Sie mit dem *Schiff* (**le bateau**), mit dem *Zug* (**le train**) oder dem *Hochgeschwindigkeitszug* (**le T.G.V./train à grande vitesse**).

Avant de **monter dans le** train, il faut **composter** son **billet**.
Puis vous **descendez du** train à **la gare**.
Bevor Sie in den Zug einsteigen, müssen Sie Ihre Fahrkarte entwerten. Dann steigen Sie im Bahnhof aus dem Zug aus.

In der Stadt, wenn ein *Taxi* (**un taxi**) zu teuer ist, fahren Sie lieber mit dem *Bus* (**le bus**), der *Straßenbahn* (**le tram**), der *U-Bahn* (**le métro**) oder mit der Pariser *S-Bahn*, **le R.E.R.** (**réseau express régional**).
Die **S.N.C.F.** (**Société Nationale des chemins de fer**) ist *die staatliche französische Eisenbahngesellschaft.*

Wollen Sie nicht im *Stau* (**le bouchon**) mit Ihrem *Wagen* (**la voiture**) stehen, fahren Sie mit Ihrem *Fahrrad* (**le vélo**).

ABC

Ein *Ticket* hat im Französischen verschiedene Übersetzungen. Man sagt **un billet d'avion/de train/de bateau** wie im Konzert oder Opernhaus, aber **un ticket de bus/de tram/de métro** wie im Kino.

LÖSUNGEN:

1. la voiture, **2.** le train, **3.** l'avion, **4.** le bateau

67 À l'hôtel

Kreuzen Sie die passenden Lösungen in den folgenden Hotelsituationen an. Es können mehrere Antworten richtig sein.**

1. Le petit-déjeuner est compris dans le prix ?
- ☐ **A** Oui, vous pouvez manger des tartines.
- ☐ **B** Oui, tout est compris dans le prix.
- ☐ **C** C'est de sept à dix heures du matin.

2. La chambre est avec vue sur la mer ?
- ☐ **A** La mer est à deux kilomètres.
- ☐ **B** Oui, il y a une vue splendide.
- ☐ **C** On peut la voir de la fenêtre.

3. Combien coûte la pension ?
- ☐ **A** C'est soixante euros par personne.
- ☐ **B** Nous ne faisons pas la pension complète.
- ☐ **C** Nous ne prenons pas de carte de crédit.

4. Est-ce que vous avez des chambres libres ?
- ☐ **A** Tout est complet, malheureusement.
- ☐ **B** Non, les chambres sont non-fumeurs.
- ☐ **C** Il y a encore une chambre avec un grand lit.

67 Urlaubsunterkünfte

An der *Rezeption* (**la réception**) des Hotels kümmert man sich um Ihr *Gepäck* (**les bagages**, m. Pl.). Sie können z. B. fragen:

Pouvons-nous avoir des **lits jumeaux**/deux chambres **individuelles** ?
Können wir zwei Einzelbetten/Einzelzimmer haben?

Acceptez-vous les **cartes** (f.) **de crédit** ? Sinon je paierai **en liquide**.
Nehmen Sie Kreditkarten an? Sonst werde ich bar zahlen.

ABC

une valise	*Koffer*	en plein air	*im Freien*
un camping	*Campingplatz*	la tente	*Zelt*
la caravane	*Wohnwagen*	le camping-car	*Wohnmobil*
un sac à dos	*Rucksack*	un sac de voyage	*Reisetasche*
l'auberge (f.) de jeunesse	*Jugendherberge*		

!

Une serviette kann entweder ein *Handtuch*, ein *Badetuch*, eine *Serviette* oder eine *Aktentasche* sein.

LÖSUNGEN:

1. B, **2.** B, C, **3.** A, **4.** A, C

68 Un peu de zoologie

Setzen Sie die französischen Namen der Tiere ein. Die Buchstaben der markierten Felder ergeben den Namen des Stiers.**

1. Hahn
2. Vogel
3. Kaninchen
4. Eichhörnchen
5. Pferd
6. Schmetterling
7. Taube
8. Bär
9. Hund
10. Katze
11. Kuh
12. Elefant
13. Henne
14. Esel
15. Schwein
16. Fisch

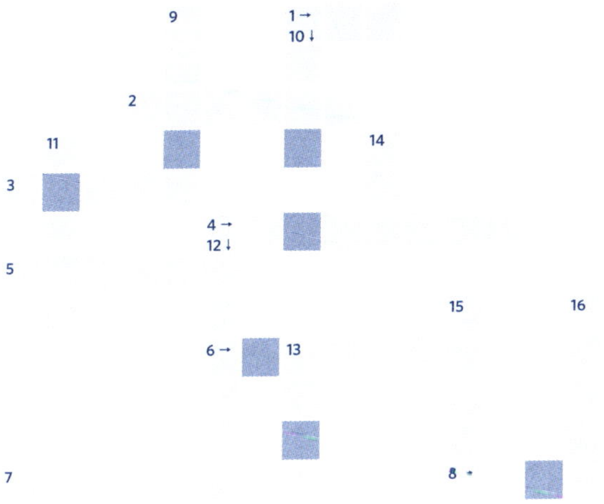

17. Lösungswort: *le* ______________

68 Tiere und Lebensräume

l'eau (*Wassser*):	un poisson (*Fisch*)	un canard (*Ente*)
l'air (*Luft*):	un pigeon (*Taube*)	un papillon (*Schmetterling*)
la terre (*Erde*):	un cheval (*Pferd*)	un lapin (*Kaninchen*)
la maison (*Haus*):	un chien (*Hund*)	un chat (*Katze*)
la savane (*Savanne*):	un éléphant (*Elefant*)	une girafe (*Giraffe*)
la montagne (*Berg*):	un ours (*Bär*)	un aigle (*Adler*)
l'arbre (*Baum*):	un oiseau (*Vogel*)	un écureuil (*Eichhörnchen*)

Vergessen wir nicht die Bauernhoftiere, z. B.:

la poule (*Henne*)
le taureau (*Stier*)
le mouton (*Schaf*)
le coq (*Hahn*)
l'âne (*Esel*)
la chèvre (*Ziege*)
la vache (*Kuh*)
le cochon (*Schwein*)

LÖSUNGEN:

1. coq, **2.** oiseau, **3.** lapin, **4.** écureuil, **5.** cheval, **6.** papillon, **7.** pigeon, **8.** ours, **9.** chien, **10.** chat, **11.** vache, **12.** éléphant, **13.** poule, **14.** âne, **15.** cochon, **16.** poisson, **17.** taureau

69 Futur simple ou conditionnel ?

Finden Sie das richtige Verb und ergänzen Sie die Sätze mit dem Futur simple oder dem Konditional.**

acheter – aimer – aller – avoir – envoyer – faire – jeter – partir – pouvoir – répondre

1. Si tu m'écris une carte postale, je te ______________.
2. Si j'avais un million, nous ______________ un château.
3. Tu ______________ un tour dans le parc, s'il fait soleil.
4. S'ils n'arrivent pas, nous ______________ sans eux.
5. S'il n'était pas malade, il ______________ venir avec moi.
6. Elles ______________ bien aller au cinéma avec toi.
7. Si vous preniez l'avion, vous ______________ plus vite.
8. Si tu veux 100 euros, je t'______________ un chèque.
9. Il ______________ ses fleurs, si elle ne vient pas.
10. Si elle ne savait pas faire du ski, elle n'______________ pas de vêtements de ski dans son armoire.

69 Das Konditional und die Konditionalsätze

Ein Verb im **Conditionnel** hat denselben Stamm wie das Futur simple und die Endungen: **-ais, -ais, -ait, -ions, -iez, -aient**.

!

Verwechseln Sie nicht, z. B.: **j'irai** (Futur simple) und **j'irais** (Conditionnel). Die 1. Person Singular wird nämlich gleich gesprochen!

- Das Conditionnel äußert eine höfliche Bitte oder einen Wunsch.
  Je **prendrais** volontiers une glace. *Ich hätte gerne ein Eis.*
- Ein Ratschlag kann durch das Conditionnel ausgedrückt werden.
  À ta place, je **l'achèterais**. *An deiner Stelle, würde ich es mir kaufen.*
- Man kann auch eine Vermutung, besonders in der Presse, äußern.
  Le blessé **serait** à l'hôpital. *Der Verletzte liegt wohl im Krankenhaus.*
- Vor allem aber drückt das Conditionnel eine irreale Möglichkeit aus.
  Grand-mère dit que **si** elle **avait** 20 ans, elle **partirait** au pôle Sud. *Oma sagt, dass sie, wenn sie 20 wäre, zum Südpol fahren würde.*
- Ist die Möglichkeit wahrscheinlich, steht das Verb im Hauptsatz im Präsens oder Futur und im Bedingungssatz im Indikativ Präsens.
  Si vous **voulez, restez** avec nous. *Wenn ihr wollt, bleibt bei uns.*
  S'il **pleut**, tu **resteras** ici. *Wenn es regnet, bleibst du hier.*

LÖSUNGEN:

1. répondrai, **4.** achèterions, **3.** feras, **2.** partirons, **5.** pourrait, **6.** aimeraient, **7.** iriez, **8.** enverrai, **9.** jettera, **10.** aurait

70 Le climat

a Schreiben Sie die Jahreszeit zu jedem Bild mit der richtigen Präposition.*

1. en/au ____________________
2. en/au ____________________
3. en/au ____________________
4. en/au ____________________

b Kreisen Sie das passende Wort in den folgenden Sätzen ein.*

1. Il va **pleuvoir/vouloir**. Prends un parapluie.
2. Quel **heure/temps** va-t-il faire demain ?
3. Il fait très **chaud/haut** Il n'y a pas de nuages.
4. En avril, il fait beau mais il y a souvent du **vent/neige**.

70 Das Wetter und die Jahreszeiten

- Auf die Frage **Quel temps fait-il ?/Il fait quel temps ?** (*Wie ist das Wetter?*) können Sie antworten:

- Il fait beau/mauvais.	*Das Wetter ist schön/schlecht.*
- Il fait (très) chaud/froid.	*Das Wetter ist heiß/warm/kalt.*
- Il fait soleil./Le soleil brille.	*Die Sonne scheint.*
- Il y a du vent/des nuages.	*Es ist windig/wolkig.*
- Il y a du brouillard/verglas.	*Es ist nebelig./Es gibt Glatteis.*
- Il y a une tempête.	*Es stürmt.*
- Il pleut/neige.	*Es regnet/schneit.*
- Il y a un orage/de l'orage.	*Es gewittert.*
- Il faut prendre un parapluie.	*Man muss einen Regenschirm mitnehmen.*

- Wie die Himmelsrichtungen: **le nord**, **l'est**, **le sud**, **l'ouest** (*Norden, Osten, Süden, Westen*) sind die Jahreszeiten auf Französisch männlich: **l'hiver**, **le printemps**, **l'été**, **l'automne** (*Winter, Frühling, Sommer, Herbst*).

- Man sagt **en** hiver, **en** été, **en** automne aber **au** printemps (*im Winter, im Sommer, im Herbst, im Frühling*).

LÖSUNGEN:

a) **1.** en automne, **2.** en hiver, **3.** en été, **4.** au printemps; b) **1.** pleuvoir, **2.** temps, **3.** chaud, **4.** vent

71 Les vacances, on y pense et on en parle.

Ergänzen Sie die Sätze, indem Sie die unterstrichenen Wortgruppen durch **y** oder **en** ersetzen.**

1. Ils habitent au Canada depuis cinq ans. Ils ___ vivent bien.

2. Vous avez du fromage ? - Non, je n'___ ai plus.

3. Luc t'a parlé de son projet ? - Oui, il m'___ a parlé.

4. Vous cherchez des assiettes ? Il y ___ a sur la table.

5. Tu t'intéresses beaucoup à la musique ? - Oui, je m'___ intéresse beaucoup.

6. Tu es revenu d'Espagne ? - Oui, j'___ suis revenu hier.

7. Tu as acheté beaucoup de beurre ? - Oui, j'___ ai acheté beaucoup.

8. Va à la boulangerie. - Oui, j'___ vais tout de suite.

9. Je peux manger du gâteau ? - Oui, tu peux ___ manger un peu.

71 Die Adverbialpronomen *en* und *y*

- Das Adverbialpronomen **y** ersetzt eine Ergänzung, die mit **à** anfängt und Ortsangaben, die mit **dans, sur, sous, en, chez** anfangen, z. B.:

Je pense **à nos vacances.**	→ J'**y** pense.	*Ich denke daran.*
Luc va **en France.**	→ Luc **y** va.	*Luc fährt dorthin.*

- Das Adverbialpronomen **en** vertritt eine Ergänzung, die mit **de** anfängt, sowie eine bestimmte bzw. unbestimmte Menge, z. B.:

Luc vient **de** Paris.	→ Il **en** vient.	*Luc kommt von dort.*
Prends **trois** pommes.	→ Prends-**en trois**.	*Nimm drei Stück davon.*
Il prend **de la** salade.	→ Il **en** prend.	*Er nimmt etwas davon.*

Gibt es zwei Pronomen in einem Satz, stehen **y** oder **en** immer an zweiter Stelle:

Il **nous** attend **au café**.	→ Il **nous y** attend.	*Er wartet dort auf uns.*

!

Ergänzungen mit **à/de**, die Personen erwähnen, werden nie mit **y/en**, sondern mit einem betonten Personalpronomen vertreten:

Je pense **à mon père.**	→ Je pense **à lui**.	*Ich denke an ihn.*
Elle parle **de ses enfants.**	→ Elle parle **d'eux**.	*Sie spricht von ihnen.*

LÖSUNGEN:

1. y, **2.** en, **3.** en, **4.** en, **5.** y, **6.** en, **7.** en, **8.** y, **9.** en

Wortverzeichnis

A

	à	*in; nach*
	à droite	*rechts*
	à gauche	*links*
	à la maison	*zuhause; nach Hause*
	à pied	*zu Fuss*
l'	**accident**	*Unfall*
	acheter	*kaufen*
l'	**acteur, -trice**	*Schauspieler(in)*
l'	**activité**	*Aktivität*
l'	**addition**	*Rechnung*
l'	**adjectif**	*Adjektiv*
	adorer	*lieben*
l'	**aéroport**	*Flughafen*
l'	**âge**	*Alter*
	aider qn	*jdm. helfen*
l'	**aigle**	*Adler*
	aimer	*lieben; gerne mögen*
l'	**air**	*Luft*
l'	**alerte**	*Alarm*
l'	**alimentation**	*Ernährung*
l'	**Allemagne**	*Deutschland*
l'	**Allemand, -e**	*Deutsche(r)*
	aller	*gehen; fahren*
	aller à qn	*jdm. sitzen/stehen*
	allô	*hallo (am Telefon)*
	alors	*na; also*
l'	**ami, -e**	*Freund(in)*
	Amicalement,	*Viele Grüße*
s'	**amuser**	*Spaß haben*
l'	**an**	*Jahr*
l'	**Anglais, -e**	*Engländer(in)*
l'	**anniversaire**	*Geburtstag*
	août	*August*
l'	**apéritif**	*Aperitif*
l'	**appareil**	*Apparat*
l'	**appartement**	*Wohnung*
s'	**appeler**	*heißen*
	appeler	*anrufen*
	apporter	*bringen*
	apprendre	*lernen*
	après	*nach*
l'	**après-midi**	*Nachmittag*
l'	**armoire**	*Schrank*
	arriver	*ankommen; geschehen*
	assez	*ziemlich; genug*
l'	**assiette**	*Teller*
	au revoir	*auf Wiedersehen*
	aujourd'hui	*heute*
	aussi	*auch*
	avant	*vor*
	avec	*mit*
	avoir	*haben*
	avril	*April*

B

la	**baignoire**	*Badewanne*
le	**balcon**	*Balkon*
la	**barbe**	*Bart*
la	**basilique**	*Basilika*
le	**bateau**	*Schiff*
	beau, belle	*schön*
	beaucoup	*viel; sehr*
	bête	*blöd*
le	**beurre**	*Butter*
la	**bibliothèque**	*Bibliothek*
	bien	*gut; schön*
	bien sûr	*selbstverständlich*
	bientôt	*bald*
la	**bière**	*Bier*
le	**billet (de banque)**	*(Geld)Schein*
la	**bise**	*Küsschen*
le	**bloc-notes**	*Notizblock*
	boire	*trinken*
la	**boisson**	*Getränke*
	bon, -ne	*gut; gutmütig; richtig*
le	**bonbon**	*Bonbon*
	bonjour	*guten Tag*
la	**botte**	*Stiefel*
le/la	**boucher, -ère**	*Metzger(in)*
le/la	**boulanger, -ère**	*Bäcker(in)*
la	**bouteille**	*Flasche*
le	**brouillard**	*Nebel*
le	**bureau de tabac**	*Tabakladen*
le	**bus**	*Bus*

C

	c'est...	*es ist ...*
	ça	*es, das*
	Ça va ?	*Wie geht's?*
	Ça va.	*Es geht (mir gut).*
le	**cacao**	*Kakao*

le	**café**	*Kaffee; Café*
	calme	*ruhig*
le	**Canada**	*Kanada*
le	**canapé**	*Sofa*
le	**canard**	*Ente*
le	**canoë**	*Kanu*
la	**cantine**	*Kantine*
le	**carrefour**	*Kreuzung*
la	**carte**	*Speisekarte*
la	**carte postale**	*Postkarte*
la	**cave**	*Keller*
le	**CD**	*CD*
le	**centre-ville**	*Stadtzentrum*
la	**chaise**	*Stuhl*
le	**chalet**	*Berghütte*
la	**chambre**	*Schlafzimmer; Hotelzimmer*
le/la	**champion, -ne**	*Meister(in)*
le	**château**	*Schloss*
	chaud, -e	*warm*
la	**chaumière**	*strohgedeckte Hütte*
le	**chèque**	*Scheck*
	cher, chère	*teuer; liebe(r, -s)*
le/la	**chéri, -e**	*Liebling*
	chéri, -e	*geliebt*
les	**cheveux**	*Haare*
	chez	*bei; zu*
le	**chien**	*Hund*
	choisir	*(aus)wählen*
le	**ciel**	*Himmel*
la	**cigarette**	*Zigarette*
le	**cinéma**	*Kino*
	clair, -e	*hell*
	classique	*klassisch*
le	**clavier**	*Tastatur*
le	**climat**	*Klima*
le/la	**collègue**	*Kollege, Kollegin*
la	**colline**	*Hügel*
	combien	*wie viel*
	commencer	*beginnen, anfangen*
	comment	*wie*
	comparer	*vergleichen*
	complet, -ète	*belegt; ausgebucht*
	comprendre	*verstehen*
le	**comprimé**	*Tablette*
	compris, -e	*inbegriffen*
le	**concert**	*Konzert*
le	**congé**	*Urlaub*
	continuer	*weiterfahren; fortsetzen*
le/la	**copain, -pine**	*Freund(in)*
se	**coucher**	*ins Bett gehen*
la	**couleur**	*Farbe*
le	**couloir**	*Gang, Flur*
le	**courage**	*Mut*
	court, -e	*kurz*
le/la	**cousin, -e**	*Cousin(e)*
le	**couteau**	*Messer*
	coûter	*kosten*
le	**couvert**	*Besteck*
la	**crème fraîche**	*saure Sahne*
la	**crèmerie**	*Milchgeschäft*
la	**cuillère**	*Löffel*
la	**cuisine**	*Küche*
le/la	**cuisinier, -ière**	*Koch, Köchin*
	cuit, -e	*gekocht*
les	**curiosités**	*Sehenswürdigkeiten*

D

	d'accord	*einverstanden*
la	**dame**	*Frau*
le	**danger**	*Gefahr*
	dans	*in, im*
la	**date**	*Datum*
	de	*aus; von*
	décembre	*Dezember*
	déjà	*schon, bereits*
le	**déjeuner**	*Mittagessen*
	délicieux, -ieuse	*köstlich*
	demain	*morgen*
	demander qc à qn	*jdn. nach etw. fragen*
la	**dent**	*Zahn*
le	**dentifrice**	*Zahnpasta*
le/la	**dentiste**	*Zahnarzt, -ärztin*
se	**dépêcher**	*sich beeilen*
	depuis	*seit; von ... aus*
	déranger	*stören*
	dernier, -ière	*letzte(r, -s)*
le	**dessert**	*Nachtisch*
	devoir	*müssen; sollen*
les	**devoirs**	*Hausaufgaben*
le	**dîner**	*Abendessen*
	dire	*sagen*
le/la	**directeur, -trice**	*Leiter(in)*

le	**docteur**	*Arzt*
	donner	*geben*
la	**douche**	*Dusche*
se	**doucher**	*duschen*
le/la	**DRH**	*Personalleiter(in)*
	du... au...	*vom ... bis zum ...*

E

l'	**eau**	*Wasser*
l'	**eau minérale**	*Mineralwasser*
les	**échecs**	*Schach*
l'	**école**	*Schule*
	écrire	*schreiben*
	élégant, -e	*elegant*
l'	**e-mail**	*E-mail*
(s')	**embrasser**	*(sich) küssen; (sich) umarmen*
l'	**émission**	*Sendung*
l'	**emploi**	*Arbeitsstelle*
	en face (de)	*gegenüber*
	en face (de)	*in; nach*
	en plein air	*im Freien*
	en vacances	*im/in Urlaub*
	enchanté, -e	*erfreut*
	encore	*(immer) noch*
	énerver	*nerven*
l'	**enfant**	*Kind*
l'	**entrée**	*Vorspeise*
	entrer	*eintreten; hereinkommen*
	envoyer	*schicken, senden*
l'	**épicerie**	*Lebensmittelgeschäft*
l'	**equitation**	*Reiten*
l'	**escalade**	*Klettern*
l'	**escalier**	*Treppe*
l'	**Espagnol, -e**	*Spanier(in)*
	espérer	*hoffen*
	essayer	*versuchen; (an)probieren*
	et	*und*
l'	**étage**	*Stock*
	éternuer	*niesen*
	être	*sein*
l'	**euro**	*Euro*
l'	**Europe**	*Europa*
	exact, -e	*genau*
	exagérer	*übertreiben*
l'	**excursion**	*Ausflug*
l'	**exercice**	*Übung*

F

	facile	*leicht, nicht schwierig*
	faire	*machen, tun*
	faire attention	*aufpassen*
	faire de la voile	*segeln*
	faire du ski	*Ski fahren*
	faire du sport	*Sport treiben*
	faire du vélo	*Fahrrad fahren*
la	**famille**	*Familie*
	fatigué, -e	*müde*
le	**fauteuil**	*Sessel*
	faux, fausse	*falsch*
la	**femme**	*Frau; Ehefrau*
la	**fenêtre**	*Fenster*
la	**fête**	*Fest*
	fêter	*feiern*
le	**feu**	*Verkehrsampel; Feuer*
	février	*Februar*
la	**fièvre**	*Fieber*
la	**figure**	*Gesicht*
la	**fille**	*Tochter*
le	**film**	*Film*
le	**fils**	*Sohn*
la	**fin**	*Ende*
	fin, -e	*fein*
	finir	*beenden*
le/la	**Finlandais, -e**	*Finne, Finnin*
la	**Finlande**	*Finnland*
le	**flamand rose**	*Flamingo*
la	**fleur**	*Blume*
le	**fleuve**	*(großer) Fluss*
le	**foot(ball)**	*Fußball*
le	**footing**	*Laufen*
la	**forêt**	*Wald*
le	**foulard**	*Halstuch*
la	**fourchette**	*Gabel*
	frais, fraîche	*frisch*
le	**français**	*französisch*
le/la	**Français, -e**	*Franzose, -zösin*
	français, -e	*französisch*
la	**France**	*Frankreich*
le	**frère**	*Bruder*

	frère et sœur	*Geschwister*
	froid, -e	*kalt*
le	**fromage**	*Käse*
le	**fruit**	*Obst*
les	**fruits de mer**	*Meeresfrüchte*

G

le	**garage**	*Garage*
	garer	*parken*
le	**gâteau**	*Kuchen*
le	**gaz**	*Gas*
les	**gens**	*Leute*
	gentil, -le	*nett*
la	**girafe**	*Giraffe*
la	**glace**	*Eis*
le	**golf**	*Golf*
le	**goûter**	*Nachmittagsimbiss*
	grand, -e	*groß*
la	**Grande-Bretagne**	*Großbritannien*
la	**grand-mère**	*Großmutter*
le	**grand-père**	*Großvater*
	gros, -se	*dick*
la	**guitare**	*Gitarre*
le/la	**guitariste**	*Gitarrenspieler(in)*
la	**gymnastique**	*Turnen*

H

s'	**habiller**	*sich anziehen*
	habiter	*wohnen*
le	**hand(ball)**	*Handball*
	haut, -e	*hoch*
l'	**hélicoptère**	*Hubschrauber*
l'	**heure**	*Uhr; Stunde; Uhrzeit*
	heureux, -euse	*glücklich*
	hier	*gestern*
l'	**hôpital**	*Krankenhaus*
l'	**hôtel**	*Hotel*

I

	ici	*hier*
	il y a	*es gibt*
l'	**immeuble**	*Gebäude*
l'	**imperméable**	*Regenjacke*
l'	**imprimante**	*Drucker*
l'	**Indien, -ne**	*Inder(in); Indianer(in)*
l'	**infirmière**	*Krankenschwester*
l'	**ingénieur**	*Ingenieur*
l'	**instant**	*Moment*
l'	**instituteur, -trice**	*Grundschullehrer(in)*
l'	**instrument**	*Instrument*
	intéressant, -e	*interessant*
s'	**intéresser à qc/qn**	*sich für etw./jdn. interessieren*
l'	**Internet**	*Internet*
	inviter	*einladen*
l'	**Italie**	*Italien*

J

	janvier	*Januar*
le	**jardin**	*Garten*
	jeter	*wegwerfen*
le	**jeu**	*Spiel*
	joli, -e	*hübsch*
	jouer	*spielen*
le	**jour**	*Tag*
le	**journal**	*Zeitung*
	juillet	*Juli*
	juin	*Juni*
le	**jus de fruits**	*Saft*

K

le	**kilo**	*Kilo*
le	**kilomètre**	*Kilometer*
le	**kiwi**	*Kiwi*

L

	là	*da*
	là-bas	*dort*
	laid, -e	*hässlich*
	laisser	*lassen; hinterlassen*
le	**lait**	*Milch*
	large	*breit; weit*
se	**laver**	*sich waschen*
	lent, -e	*langsam*
la	**lettre**	*Brief*
la	**lettre de motivation**	*Bewerbungsschreiben*
se	**lever**	*aufstehen*
la	**librairie**	*Buchhandlung*
	libre	*frei*
le	**lion**	*Löwe*
	lire	*lesen*

le	**lit**	*Bett*
le	**livre**	*Buch*
les	**loisirs**	*Freizeit*
	long, -ue	*lang*
	louer	*mieten; vermieten*
le	**loyer**	*Miete*
les	**lunettes**	*Brille*

M

	madame	*Frau*
le	**magasin**	*Geschäft, Laden*
le	**magasin de vêtements**	*Kleidungsgeschäft; Boutique*
	mai	*Mai*
	mais	*aber; sondern*
la	**maison**	*Haus*
le/la	**maître, -esse**	*Herrchen, Frauchen*
	mal	*weh; schlecht*
	malade	*krank*
	malheureusement	*leider*
	maman	*Mama, Mutti*
	manger	*essen*
se	**maquiller**	*sich schminken*
le	**mari**	*Ehemann*
	marié, -e	*verheiratet*
le	**marron**	*Braune*
	mars	*März*
le	**mas**	*Bauernhof in der Provence*
le	**match**	*Spiel*
le	**matin**	*Vormittag*
	mauvais, -e	*schlecht*
	méchant, -e	*böse*
le	**médecin**	*Arzt*
les	**médias**	*Medien*
le	**médicament**	*Arzneimittel*
le	**menu (du jour)**	*(Tages)Menü*
la	**mer**	*Meer*
	merci	*danke*
la	**mère**	*Mutter*
le	**métier**	*Beruf*
le	**métro**	*U-Bahn*
	mettre	*anziehen; decken; legen, stellen, hängen, etc.*
le	**midi**	*Mittag*
le	**million**	*Million*
	mince	*dünn*
la	**minute**	*Minute*
le	**miroir**	*Spiegel*
la	**mobylette**	*Moped*
	moderne	*modern*
	moins	*weniger*
le	**mois**	*Monat*
le	**monde**	*Welt*
la	**monnaie**	*Kleingeld; Rückgeld*
	monsieur	*Herr*
la	**montagne**	*Berg*
	monter	*(ein)steigen*
la	**moustache**	*Schnurrbart*
le	**moyen de transport**	*Verkehrsmittel*
le	**musée**	*Museum*
la	**musique**	*Musik*

N

	nager	*schwimmen*
la	**natation**	*Schwimmen*
	naviguer	*surfen*
	ne... pas du tout	*gar nicht*
la	**neige**	*Schnee*
le	**net**	*Netz, Web*
	neuf, neuve	*neu(wertig)*
le	**neveu**	*Neffe*
la	**nièce**	*Nichte*
le	**nom**	*Name*
	non	*nein*
	non-fumeur, -euse	*Nicht-Raucher(in)*
	noter	*notieren*
	nouveau, -velle	*neu*
	novembre	*November*
le	**nuage**	*Wolke*
la	**nuit**	*Nacht*
le	**numéro**	*Nummer*

O

	octobre	*Oktober*
l'	**office du tourisme**	*Fremdenverkehrsamt*
l'	**omelette**	*Rühreier*
	on	*man; wir (ugs.)*
l'	**oncle**	*Onkel*
l'	**opéra**	*Oper*
l'	**orage**	*Gewitter*

l'	**ordinateur**	*Computer*
	ou	*oder*
	où	*wo; wohin*
	oui	*ja*
	ouvert, -e	*offen; aufgeschlossen*
l'	**ouvrier, -ière**	*Arbeiter(in)*

P

le	**pain**	*Brot*
la	**papeterie**	*Schreibwarengeschäft*
le	**papier**	*Papier*
	par	*pro*
le	**parapluie**	*Regenschirm*
le	**parc**	*Park*
	parce que	*weil*
	par-dessus	*über*
les	**parents**	*Eltern*
	parler à qn de qc	*mit jdm. über etw. sprechen*
la	**partie du corps**	*Körperteil*
	partir	*weggehen/fahren*
	passer	*verbringen; vorbeigehen/-kommen; übergehen; (Film) vorführen*
	passer qn à qn	*jdn. mit jdm. verbinden*
les	**pâtes**	*Nudeln*
la	**pause café**	*Kaffeepause*
	payer	*(be)zahlen*
le	**pays**	*Land*
	penser à qn/qc	*an jdn./etw. denken*
la	**pension**	*Pension*
la	**pension complète**	*Vollpension*
le	**père**	*Vater*
la	**personne**	*Person*
le	**petit déjeuner**	*Frühstück*
	petit, -e	*klein*
la	**petite annonce**	*Kleinanzeige*
la	**petit-fille**	*Enkelin*
le	**petit-fils**	*Enkel*
la	**pharmacie**	*Apotheke*
la	**photo**	*Foto*
le/la	**photographe**	*Fotograf(in)*
le	**piano**	*Klavier*
la	**pièce**	*Raum*
le	**pied**	*Fuß*
le/la	**pilote**	*Pilot(in)*
la	**piscine**	*Schwimmbad*
la	**pizza**	*Pizza*
la	**place**	*Platz*
la	**plage**	*Strand*
la	**plaine**	*Ebene*
	plaire à qn	*jdm. gefallen*
le	**plat**	*Gericht*
le	**plateau**	*Platte*
	plein, -e	*voll*
	pleuvoir	*regnen*
la	**pluie**	*Regen*
	plus	*mehr*
le	**poème**	*Gedicht*
le	**poisson**	*Fisch*
le	**poivre**	*Pfeffer*
la	**police**	*Polizei*
le	**port**	*Hafen*
la	**porte**	*Tür*
la	**poste**	*Post*
	pour	*für; um ... zu*
le	**pourboire**	*Trinkgeld*
	pouvoir	*können; dürfen*
	préférer	*bevorzugen; lieber mögen*
	premier, -ière	*erste(r, -s)*
	prendre	*nehmen*
	préparer	*vor-, zubereiten*
	près de	*in der Nähe von*
(se)	**présenter**	*(sich) vorstellen*
	principal, -e	*Haupt...*
le	**prix**	*Preis*
	probable	*wahrscheinlich*
le	**problème**	*Problem*
	prochain, -e	*nächste(r, -s)*
le/la	**prof(esseur)**	*Lehrer(in)*
le	**projet**	*Projekt*
se	**promener**	*spazieren gehen*
	proposer	*vorschlagen*
la	**prune**	*Pflaume*

Q

	quand	*wann; wenn*
	que	*dass*
	quel, -le	*welche(r, -s)*

la	**question**	*Frage*
	qui	*wer; wen*

R

la	**radio**	*Radio*
la	**randonnée**	*Wanderung; Wandern*
	rapide	*schnell (Adjektiv)*
	rappeler	*zurückrufen; wieder anrufen*
	rare	*seltene(r, -s)*
	regarder	*(an)sehen*
	regarder la télé	*fernsehen*
la	**région**	*Region*
le	**rendez-vous**	*Termin; Verabredung*
	rentrer	*nach Hause gehen/ fahren*
le	**repas**	*Mahlzeit*
	répondre à qn/qc	*auf jdn./etw. antworten*
se	**reposer**	*sich erholen, sich ausruhen*
la	**République**	*Republik*
le	**restaurant**	*Restaurant*
	rester	*bleiben*
le	**rétablissement**	*Besserung*
le	**retour**	*Rückkehr*
	réussir	*gelingen; schaffen*
	revenir	*wieder-, zurückkommen*
le	**rez-de-chaussée**	*Erdgeschoss*
le	**rhume**	*Schnupfen*
la	**rivière**	*Fluss*
le	**riz**	*Reis*
le	**roller**	*Inlineskates*
la	**rose**	*Rose*
le	**rosé**	*Roséwein*
la	**route**	*Weg*
la	**rue**	*Straße*
le	**rugby**	*Rugby*
le	**ruisseau**	*(kleiner) Fluss*

S

le	**sac (à main)**	*(Hand)tasche*
la	**saison**	*Jahreszeit*
la	**salade**	*Salat*
le	**salami**	*Salami*
la	**salle à manger**	*Esszimmer, Wohnzimmer*
la	**salle de bains**	*Badewanne*
le	**salon**	*Wohnzimmer*
	salut	*hallo; tschüs*
	sans	*ohne*
la	**santé**	*Gesundheit*
le	**saucisson**	*Salami*
la	**savane**	*Savanne*
	savoir	*wissen; können*
le	**saxophone**	*Saxofon*
la	**séance**	*(Kino)Vorstellung*
	sec, sèche	*trocken*
la	**secrétaire**	*Sekretärin*
le	**sel**	*Salz*
la	**semaine**	*Woche*
	septembre	*September*
le/la	**serveur, -euse**	*Kellner(in)*
le	**service**	*Abteilung*
	seulement	*nur; erst*
le	**shopping**	*Einkaufsbummel*
	si	*wenn; doch*
le	**sirop**	*Saft*
le	**ski**	*Ski*
la	**sœur**	*Schwester*
le	**soir**	*Abend*
le	**soleil**	*Sonne*
	souhaiter	*wünschen*
la	**souris**	*Maus*
	souvent	*oft*
le	**spectacle**	*Vorstellung*
	splendide	*wundervoll*
	sportif, -ive	*sportlich*
le	**stade**	*Stadion*
le	**stage**	*Praktikum*
	stopper	*anhalten; stoppen*
le	**sucre**	*Zucker*
le/la	**Suédois, -e**	*Schwede, Schwedin*
la	**Suisse**	*die Schweiz*
le/la	**Suisse**	*Schweizer(in)*
	super	*super*
	sur	*auf; über*
	surfer	*surfen*
	sympa	*nett*

T

la	**table**	*Tisch*

la	**tante**	*Tante*
	tard	*spät*
la	**tartine**	*Butter-, Marmeladenbrot*
le	**taxi**	*Taxi*
le/la	**technicien, -ne**	*Techniker(in)*
la	**télé(vision)**	*Fernseher*
la	**télécommande**	*Fernbedienung*
le	**téléphone**	*Telefon*
	téléphoner	*telefonieren, anrufen*
le	**temps**	*Wetter; Zeit*
le	**tennis**	*Tennis*
la	**terrasse**	*Terrasse*
la	**tête**	*Kopf*
le	**thé**	*Tee*
le	**théâtre**	*Theater*
le	**timbre**	*Briefmarke*
	timide	*schüchtern*
les	**toilettes**	*Toilette*
	tôt	*früh*
	toujours	*immer*
le	**tour**	*Tour, Runde*
	tourner	*abbiegen*
	tous les jours	*jeden Tag*
	tousser	*husten*
	tout	*alles*
	tout de suite	*gleich, sofort*
	tout droit	*geradeaus*
le	**train**	*Zug*
le	**tram(way)**	*S-Bahn*
le	**travail**	*Arbeit*
	travailler	*arbeiten*
	traverser	*über die Straße gehen*
	très	*sehr*
	triste	*traurig*
	trop	*zu (viel)*
le	**trottoir**	*Bürgersteig*
se	**trouver**	*sich befinden*
	trouver	*finden*

U

	un peu (de)	*ein bisschen*

V

les	**vacances**	*Ferien*
la	**vallée**	*Tal*
le	**vélo**	*Fahrrad*
	vendre	*verkaufen*
	venir	*kommen*
le	**vent**	*Wind*
le	**verbe**	*Verb*
le	**verre**	*Glas*
les	**vêtements**	*Kleidung*
la	**viande**	*Fleisch*
la	**vie**	*Leben*
	vieux, vieille	*alt*
le	**village**	*Dorf*
la	**ville**	*Stadt*
le	**vin**	*Wein*
le	**vin blanc**	*Weißwein*
le	**vin rouge**	*Rotwein*
le	**violon**	*Geige*
	visiter	*berücksichtigen, besuchen*
	visiter qc	*besichtigen, besuchen*
	vite	*schnell*
	vive qn/qc	*es lebe jdn./etw.*
	vivre	*leben*
	voilà	*dort ist*
la	**voile**	*Segel*
	voir	*sehen*
le/la	**voisin, -e**	*Nachbar(in)*
la	**voiture**	*Auto*
le	**volley(-ball)**	*Volleyball*
	vouloir	*wollen; mögen*
le	**voyage**	*Reise*
	vrai, -e	*richtig*
	vraiment	*wirklich*
la	**vue**	*Aussicht*

W

le	**week-end**	*Wochenende*

Y

le	**yoga**	*Yoga*

Z

la	**zoologie**	*Zoologie*

Seite 13, Übung 3b: istockphoto.com/ Neustockimages • **Seite 21**, Übung 7: istockphoto.com/ Catherine Yeulet • **Seite 31**, Übung 12: 1. shutterstock.com/ Villedieu Christophe, 2. shutterstock.com/ Villedieu Christophe, 3. shutterstock.com/ Villedieu Christophe, 4. shutterstock.com/ Villedieu Christophe • **Seite 33**, Übung 13a: shutterstock.com/ Elena Elisseeva • **Seite 37**, Übung 15: 1. fotolia.de/ archideaphoto, 2. shutterstock/Zastol`skiy Victor Leonidovich, 3. shutterstock.com/Rade Kovac, 4. fotolia.de/ itestro, 5. shutterstock.com/ Alistair Cotton, 6. fotolia.de/ junglejunky • **Seite 53**, Übung 23: 1. istockphoto.com/ Abel Mitja Varela, 2. fotolia/pressmaster, 3. istockphoto.com/ Cristian Lazzari • **Seite 59**, Übung 26: 1. fotolia/Gleb Semenjuk, 2. fotolia/Andrey Armyagov, 3. istock/tanukiphoto, 4. shutterstock/Aaron Amat • **Seite 63**, Übung 28: fotolia.de/ Mikko Pitkänen • **Seite 69**, Übung 31 links: fotolia.de/ Yuri Arcurs, rechts: istock/mediaphotos • **Seite 73**, Übung 33: 1. shutterstock.com/ ILYA AKINSHIN, 2. fotolia.de/ Tatesh, 3. shutterstock.com/ Ziga Camernik, 4. fotolia.de/ liliya kulianionak, 5. fotolia.de/ photostile, 6. fotolia.de/ Eric Isselée, 7. shutterstock.com/ dusan964, 8. fotolia.de/ Pavel Sazonov, • **Seite 75**, Übung 34 oben: 1. shutterstock.com/Nattika, unten: 2. shutterstock/ Darrin Henry • **Seite 77**, Übung 35 links: 1. shutterstock.com/Yeko Photo Studio, rechts: 2. Agatha Ruiz de la Prada • **Seite 81**, Übung 37 links: 1. shutterstock.com/Jiri Hera, rechts: 2. fotolia.de/pass • **Seite 99**, Übung 46 links: 1. shutterstock.com/Ana del Castillo, Mitte: 2. shutterstock/Robert Kneschke, rechts: 3. fotolia.de/ beerfan • **Seite 105**, Übung 49: fotolia.de/ rudybaby • **Seite 107**, Übung 50: fotolia.de/nougaro • **Seite 109**, Übung 51: 1. istockphoto.com/ Daniel St.Pierre, 2. fotolia.de/Markus Schieder, 3. shutterstock.com/Alain Lauga, 4. fotolia.de_nougaro • **Seite 111**, Übung 52: shutterstock.com/Monkey Business Images • **Seite 115**, Übung 54: fotolia.de/ HaBlu • **Seite 119**, Übung 56: fotolia.de/ philippe simier • **Seite 123**, Übung 58: 1. fotolia/Baumeister, 2. fotolia/ foto.fritz, 3. istock/Angela26, 4. fotolia/Ralf Gosch • **Seite 129**, Übung 61: 1. shutterstock/ Douglas Freer, 2. fotolia.de/ Martine Coquilleau, 3. fotolia.de/Claude Coquilleau • **Seite 133**, Übung 63: fotolia.com/Tanja Bagusat • **Seite 135**, Übung 64: 1. PONS GmbH, 2. PONS GmbH, 3. PONS GmbH, 4. PONS GmbH • **Seite 139**, Übung 66: 1. fotolia.de/ Andreas Safreider, 2. shutterstock.com/ Mikhail Zahranichny, 3. KENCKOphotography / Shutterstock.com, 4. shutterstock.com/Netfalls - Remy Musser • **Seite 147**, Übung 70a: 1. shutterstock/ Tatiana Grozetskaya, 2. fotolia.de/ Guillaume Besnard, 3. fotolia.de/ NatUlrich, 4. shutterstock/ RadVila